！税の難問
解決へのアプローチ

相続財産の「とりあえず共有」5つの解消法

ATO財産相談室 阿藤　芳明
高木　康裕 著

税務経理協会

はじめに

■とりあえずの共有は名案？

『ここはとりあえず，全員の共有ということにしようではないか』相続にあたり，財産分けの話し合いがまとまらない場合，誰かがこんな"名案？"を口にします。この"共有"は誰にとってもまさしく平等で，文句がつけられない分け方だからです。誰もが等分に権利も義務も負うからです。

確かに，共有という考え方は，法律上は全員が平等で，権利も義務も等分に分かち合うシステムではあります。しかし，最も大きな問題は，原則として全員の意見が一致しない場合，何もできないということでもあるのです。

共有状態では，どの財産を誰が相続するのかという根本的な問題は解決していませんので，結論を先送りしただけの状態に過ぎません。つまり，そもそもの財産分けについて，具体的な結論には至っていないということなのです。この状態を『とりあえず共有』と呼ぶことにしましょう。

言うまでもなく，とりあえずの共有状態なので，誰もが100％の満足はしていません。仕方なく我慢をしている状態なので，いつかは解決したいと心の中では思ってはいるのです。残念ながらその具体的な手法がわからぬまま悶々とした日々を送っている相続人も多いのではないのでしょうか。

■財産が多くても少なくても関係ない

　相続財産の分割における共有の中でも最も多い事例は，何と言っても不動産です。ただ，不動産の相続と一口に言っても，大はご自宅の他に賃貸マンションやアパート，駐車場等が複数ある場合から，小は30坪の自宅だけというものまで，その規模も様々です。財産が沢山あるから話し合いがまとまらず，少なければ簡単というものではありません。財産の多寡に関係なく，その分割と『とりあえず共有』の問題は常に共有者全員の悩みの種になっているのです。

■非上場株式の共有は経営をピンチに追い込む

　不動産ほど事例は多くはありませんが，上場をしていないいわゆる同族会社の株式も同様です。これらの株式をめぐっては，実際に経営にタッチしていない相続人が権利だけを主張し，挙句の果てはその株式を買い取れ，などと言い出すこともあるでしょう。とりわけその会社に関与している税理士がいれば，会社株式を共有にした場合，その後の経営にどれ程の不具合が生じるかは，十二分に理解している筈です。しかし，そうではあっても，複数の相続人に共有を強く主張されると，税理士も折れて，仕方なく共有にしてしまうことも多いのです。

そこで，本書では『とりあえず共有』になってしまった場合はもとより，実際に共有となった場合の問題点を洗い出してみました。そして，最終的にはどのような解決策があるのかを，不動産と未上場株式に分け，個別に検証してみたいと思います。共有の解決策に活用頂くと同時に，未経験の方には共有になるといかに面倒になるかを，事前に体験して頂けるかも知れません。

平成 30 年 1 月
ATO 財産相談室
阿藤　芳明
髙木　康裕

目次
CONTENTS

はじめに

序章

共有すると何が起こるのか

1 典型的な共有の事例 —————————— 02

1　事案の概要 ————————————————— 02
2　築20年のアパートの問題点 ———————————— 03
3　対立する兄・妹 ————————————————— 04

2 売却を前提に共有した事例 —————— 06

1　事案の概要 ————————————————— 06
2　代償分割という手法と共有 ————————————— 07
3　小規模宅地の特例適用を考えて ———————————— 08

第1章

共有不動産の五つの基本的解決策

1 五つの解決法とは ─ 12

1 共有物の分割 ─ 12
2 交換 ─ 14
3 売買（売却） ─ 19
4 贈与 ─ 20
5 信託 ─ 22

第2章

共有不動産の解消事例と問題点

1 共有物の分割による解消の具体例 ─ 28

1 高級住宅地の分割 ─ 28
2 次女が納得せず問題は先送り ─ 30

2 共有物の分割による解消の問題点 ─ 32

1 代償分割という手法 ─ 32
2 共有物の分割対象が複数の場合 ─ 35
3 実務における注意点 ─ 37

3 交換による解消の具体例 ―― 39

1 底地と借地権を交換した事例 ―― 39
2 将来の交換を目的として相続時精算課税贈与を活用した事例 ―― 44

4 交換による解消の問題点 ―― 51

1 交換対象がマンションの場合は要注意 ―― 51
2 実務的には価額差なしの"等価"が無難 ―― 53
3 三者での交換はできるのか ―― 58
4 片割れ交換の是非 ―― 60

5 売買による解消の具体例 ―― 62

1 事案の概要 ―― 62
2 売却へ向けての共有の解消 ―― 63

6 売買による解消の問題点 ―― 67

1 売買か贈与か ―― 67
2 売却先が法人の場合の注意点 ―― 68

7 贈与による解消の具体例 ―― 69

1 事案の概要 ―― 69
2 共有の解消方法 ―― 71

8 贈与による解消の問題点 ―― 73

1 両者の関係によって異なる贈与税率 ―― 73

	2	登録免許税・不動産取得税	75
	3	持ち分を放棄する場合	75

9 信託による解消の具体例 ——— 77

 1 事案の概要 ——————————— 77
 2 共有の具体的解決法 —————— 80

10 信託による解消の問題点 ——— 85

 1 損益通算と信託の注意点 ———— 85
 2 信託受益権を売買すれば ———— 87

第3章

共有非上場株式の五つの基本的解決策

1 共有物分割による非上場株式の共有解消 —— 94

2 売買による非上場株式の共有解消 —— 96

3 贈与による非上場株式の共有解消 —— 99

4 会社分割を活用した非上場株式の共有解消 —— 101

5 信託を活用した非上場株式の共有解消 —— 104

第4章

非上場株式の共有の解消事例

1 売買で非上場株式の共有を解消した事例 —— 108

1 弟の株式を取得した事例 —— 108
2 自己株式の取得を活用した事例 —— 111
3 新設法人が株式を購入 —— 121

2 生前贈与で非上場株式の共有を解消した事例 — 123

1 兄弟間で贈与を行った事例 —— 123
2 贈与税は賢く活用する —— 125

3 会社分割を用いて非上場株式の共有を解消した事例 —— 135

1 会社分割と贈与・遺贈の組み合わせ —— 135

4 信託を活用して非上場株式の共有を解消した事例 —— 138

1 共有株式の管理 —— 138

第5章

共有の問題点を整理する

1 株式特有の問題 ———————————— 148

2 共有物分割請求 ———————————— 150

1 大きな問題点 ————————————— 150
2 現物分割 —————————————— 150
3 競売 ——————————————— 152
4 代償分割 —————————————— 152

3 共有財産と購入業者の存在 ——————— 154

4 共有財産からの収益分配 ——————— 155

5 物納への影響 ———————————— 156

第6章

まとめとしての共有予防策

1 予防策としての遺言の効力 ——————— 162

2 遺言の最も大切なこと ———————— 165

序章

共有すると何が起こるのか

1 典型的な共有の事例

1 事案の概要

　多分，世間では最も多い典型的な規模の相続事案だろうと思います。被相続人は中堅企業の役員で，東京郊外に70坪の自宅を構えていました。特別な趣味もなく，ゴルフもやっていたようですがお付き合い程度。15年程前に50坪ほどの隣地が売りに出された際に購入し，アパートを営んでいました。将来は2人の子供（長男と長女）いずれかがその敷地に自宅を建て，隣同士で住めたらという願いもあったのでしょう。その他には金融資産が2,000万円ほど，定期預金の形で蓄積され，生命保険が1,800万円という状況でした。

　相続人は配偶者と2人の子供の計3名。相続税の定額の基礎控除額がまだ5,000万円だったので，自宅に**小規模宅地の特例**を適用すれば，実際の納税額は大きな負担にはならなかったのです。

　預貯金はすべて配偶者である母親の将来の生活費に充てることとしました。自宅についてですが，2人の子供たちにはそれぞれのマンションがあり，自宅には戻るつもりもなかったため，死ぬまで住んでいたいと希望していた母親が相続することでまとまりました。

　問題となったのはアパートです。子供達は自宅と預貯金については何らの相続もできなかったので，アパートだけが最後の砦とでも考えたのでしょう。多額ではないものの，アパートの家賃が入れば生活費の足しにはなるということで，互いに一歩

も譲らず，結局，兄弟2人での共有状態で妥協することになったのです。

2　築20年のアパートの問題点

長男も長女も自分でアパート経営などしたことはありません。当初は家賃収入が生活費の足しになるという程度の認識しかなかったのです。そのアパート，借入れこそ残ってはいませんでしたが，築20年ほど経過しています。入居者の退去の度に数十万円から時には100万円を超える修繕費がかかります。そして，一度退去になると空室状態となりますが，次がなかな

> **Keyword**
> ### 小規模宅地の特例
>
> 相続税の特例の中で、最も重要なものの一つ。被相続人所有の土地等のうち、被相続人や被相続人と生計を一にしていた親族の居住用又は事業用に利用されていたものに対する評価の特例。
>
> この事例のように、被相続人が生前住んでいた自宅敷地に適用することが最も多いと思われます。一定の要件はありますが、自宅敷地の場合330㎡までは原則的な評価額から80%相当額が減額されるのです。つまり、本来は1億円の評価が何と2,000万円にまでなるため、適用すれば、納税額に大きな影響を与える特例なのです。
>
> 自宅のほかにも、一定の要件を満たすと、事業用敷地で400㎡までが80%引き、アパートや賃貸マンション敷地のような貸付事業用の敷地については200㎡まで50%引きの評価になるものです。

か決まらないのです。修繕の度に2人はどうすべきか意見が対立し，長女はとうとう売却しようと言いだす始末。それに対し長男は，建て替えれば，立地から考えてこの先も十分に収益は見込めると考えていました。売却に応じない長男に対し，長女も最後には自分の持ち分である2分の1を買い取ってくれとの申し出をしたのです。

3 対立する兄・妹

長男も建物だけの話であれば，2人で一緒に建て替えれば，借入も2分の1の負担だし，毎月の収入から返済は可能と考えていたのです。しかし，妹の持ち分の土地までも購入するとなれば話は違ってきます。立地が良く収益が見込めるということは，そのまま土地の価格にも反映するということだからです。土地を取得した上で建物資金までをも借り入れるとなれば，もはや賃貸収入からの返済だけでは収まらず，資金の持ち出しになってしまいます。

相続前までは特別に仲の悪い兄・妹ではありませんでしたが，煮え切らない兄の態度と度重なる修繕費の負担で，妹は兄と鋭く対立するまでになってしまったのです。極端な手段ですが，長女は自分の持ち分である2分の1を第三者に売却することも理屈の上では可能です。しかし，常識的に考えれば，誰も共有持ち分だけを購入，取得しようという人はいないでしょう。もしそんな人がいるとすれば何か特殊な理由か考えがある場合に限られると思われます。

さて，このような場合には，長男に多額の借金を覚悟できな

いのであれば、もはや共有を解消するには売却し、その資金を等分で分ける以外、残念ながら他に方法はありません。

売却を前提に共有にした事例

1 事案の概要

　都心にほど近い，住宅地としては一等地にその土地はありました。相続財産としては唯一の不動産です。150坪はあるでしょうか，手入れは十分とはいえませんでしたが，木々に覆われた庭も一等地の風格を備えていました。

　相続財産としてはその他にそれなりの金融資産もありましたが，いかんせんこの土地の分け方，行方が今回の相続の最大の懸案でした。父と母との間に長男，次男，三男の3兄弟がいたのです。数年前に父親が亡くなった時に，母親がこの自宅の土地・建物を相続しています。長年夫婦2人だけの生活をしていたこともあり，小規模宅地の特例を受けることからも，母親がそれを相続することに3兄弟に異論はありませんでした。

　そして，今回の母親の相続です。別居はしていたものの，長男が頻繁に母親の様子をうかがい，定年退職後はその機会も多くなっていたようです。

　長男も次男も妻の実家近くに持ち家があり，三男だけが母親の近くに住んでいましたが，持ち家ではありませんでした。そして，この実家に対する思い入れも三男が最も強かったようです。そういう事情もあって，三男が実家の不動産を相続したいと申し出ました。路線価に基づく自用地としての原則評価で約3億円。長男も次男も三男がそれを相続すること自体に反対はしませんでした。ただ，当初から今回の相続については，均等に3等分するという了解事項ができ上がっていたのです。

2 代償分割という手法と共有

 3億円の不動産を相続するなら,その見返りに他の兄弟に1億円ずつを支払うことがその条件です。当時世話になっていた税理士には,いわゆる**代償分割**の手法でそれが可能であるとも教えられていました。しかし,三男にそれだけの返済原資も能力もありません。三男は最後まで執着を捨てきれないでいたようですが,結局は共有にしてすぐに売却。売却代金を均等に分けてこの相続は無事に終了したそうです。

 これだけを見れば,共有大いに結構という事例になるのでしょう。第1章以降で詳しく解説していきますが,共有の解消方法の一つに,売却してその資金を等分に分配する手法があります。三男の思い入れを実現できなかったのは残念ですが,現実問題としては他の方法はなかったであろうことも,想像に難くありません。

> **Keyword**
> **代償分割**
>
> 相続財産そのものではなく、その代替として相続財産を相続した人が、他の相続人に対して自分の財産を提供すること。
> 例えば、相続財産が居住用の土地建物だけの場合、共有以外にはそれを複数の相続人に分割することができません。そのため、一人がそれを相続し、他の相続人にはその代替として、相応の金銭を支払うようなやり方をいいます。

3 小規模宅地の特例適用を考えて

この事例は無事相続が終了しましたが、筆者が是非指摘しておきたいのは、関与税理士の不十分なアドバイスです。

代償分割まで考えたのであれば、どうしていったん三男に相続させなかったのだろうか、という点です。ここで三男は唯一の"家なき子"。つまり被相続人の居住用の土地について、**小規模宅地の特例の適用上、330㎡までは8割引きになる特例の**適用対象者になり得る相続人です。

具体的には、**分割協議書**上は三男がいったん単独で実家の土地建物を相続します。その上で特例の適用を受けられるよう、相続税の申告期限まではその土地を保有し、その後に売却します。分割協議書にもその売却代金を三男の譲渡税控除後の金額で3等分する旨を謳っておけばいいだけの話です。そうすれば自宅の評価額を1億7,000万円も減額させることができ、税額にして2,500万円も負担額が減ったはずだったのです。

ただし、売却価額が相続税の申告期限までに確定していない場合もあるでしょう。売却価額が確定していなければ、各人の相続分も不明で、申告書にも記載のしようがありません。その場合はとりあえず、売却準備は事前にしておくとして、いったんは未分割の状態で申告をせざるを得ないでしょう。そして、価額が確定したところで分割協議書を作成し、三男が取得することを前提に、他の2人の取り分を確定すればいいのです。当初の申告では小規模宅地の特例を適用していないので、これを適用すれば全員が更正の請求で相続税の取戻しだって可能になります。もちろん、未分割で申告する時点で、一度は過分な税

負担となりますが，短期間に取り戻しは可能なので，そこは目をつぶるしかないだろうと思います。

それが負担であれば，何とか申告期限前に売買契約の準備だけはしておくことです。契約を締結し内金を貰っても構いませ

> **Keyword**
> ### 小規模宅地の特例の適用上の注意（平成30年改正）
>
> 小規模宅地の特例を居住していた自宅敷地に適用する場合、それを相続する相続人に一定の要件があります。
>
> 配偶者か被相続人と同居していた親族が相続することが第一の要件。それらの相続人がいない場合に限って、通称"家なき子"と呼ばれている相続人が相続する場合です。
>
> 自己所有の家がないことから"家なき子"と呼ばれていますが、相続の開始時点で3年以内に自己又はその配偶者が所有する家屋に住んでいない相続人をいいます。この要件は平成30年4月1日以降の相続から次のように改正が予定されています。それはこの家なき子から、次の①、②に該当する場合は除外されるというものです。
> ① 相続開始前3年以内に、その者の3親等内の親族又はその者と特別の関係のある法人が所有する国内にある家屋に居住したことがある者
> ② 相続開始時において、居住の用に供していた家屋を（3年に限定せず）過去に所有していたことがある者
>
> の2点です。
>
> 家なき子の特例を適用するために、相続の前にそれまで住んでいた自宅を自己と関係のある同族会社に売却したり、3年経過を見越して自宅を賃貸したりする方法が取られた事例が多く散見されたためだといわれています。

序章　共有すると何が起こるのか

んが，申告期限を待って残金の決済をし，登記を移転すれば問題はありません。ただし，申告期限までは保有することが条件ですから，これは何をおいても死守しなければなりません。

とにかく，このような配慮，準備があれば，相続税においては小規模宅地の特例を享受することができ，なおかつ公平な財産の分割が可能になるのです。

同じとりあえず共有であっても，ゴールを前もって決めておくことが非常に重要になることを忘れないようにしたいものです。

Keyword 分割協議書

遺言がない場合、法律に定められた相続人が遺産を相続することになります。その際に財産分けの方法について、相続人全員の合意のもとに作成される書類が分割協議書です。必ず作成しなければならないものではありませんが、不動産の登記名義や預貯金、その他の金融資産の名義変更のためには必要な書類です。

すべての相続財産について合意が得られなければなりませんが、相続人の間で特定の不動産の売却のため、あるいは急を要する資金繰りのため、不動産や預金の一部についてだけのための分割協議書を作成することも可能です。

また、後から相続人が出てきたり、また新たな相続財産が発見されたりすると、遺産分割協議をやり直さなければなりません。そのため、最初に相続人を確定し、全ての相続人がこの遺産分割協議書に参加できるよう、戸籍謄本等で相続人を確定させると共に、相続財産そのものを確定させることが必要です。

第1章

共有不動産の五つの基本的解決策

1 五つの解決法とは

不動産を共有にしてしまった場合の解決策として，大きく次の五つ方法が考えられます。①共有物の分割②交換③売買④贈与⑤信託です。第1章ではそれぞれの方法についての基本的な考え方を押さえておきたいと思います。そして，その具体的な活用方法については，第2章以降で事例によって検証をしていきましょう。

1 共有物の分割

不動産における共有とは，どの場所をとっても，共有者の誰もが特定の部分の所有権を主張できない状態になっているものをいいます。したがって，これを所有者ごとに特定部分の所有権を明確にするのが共有物の分割です。

例えば，図1の上部のように，X土地がA，B，Cの3人の共有になっていたとしましょう。共有物の分割とは，それを下部のように，それぞれAが甲土地，Bが乙土地，Cが丙土地に場所を特定して単独所有にするものです。ここで注意すべきは，分割後のそれぞれの土地については，面積比は全く無関係であることでしょう。考慮すべきは価格だけなのです。その価格に差があると，理屈の上では差額分は価額の低い土地の所有者から，高い所有者への贈与があったことになってしまいます。

図1

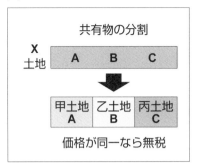

　もっとも，土地については整形であるものばかりではないので，分割の仕方によってどうしてもある程度の差は生じることもあるでしょう。その差が僅少であれば，税務当局から特段の指摘もないでしょうが，理論的にはその差額部分は前述のとおり贈与となります。ただし，その分割方法にその土地固有の合理性や妥当性があり，真実贈与の意思がなければ，直ちに贈与と認定されるものではありません。また，仮に贈与という認定がされた場合でも，110万円の基礎控除額以下であれば，現実的な問題はないでしょう。

　なお，共有物の分割においては，分割後の価額に問題がなく，贈与税や法人の受贈益課税の問題が生じる場合を除き，何らの申告も不要です。したがって，税務署に対し報告義務は生じないと考えていいでしょう。ただし，分筆をした上で登記手続を行えば，税務署にその情報は伝わることになります。不審なものについては**税務署からの問い合わせ**の対象になるため，価格差については，慎重な対応が必要です。

2 交 換

交換というと、一見したところ共有物の分割とは無関係に思われるかもしれません。しかし、もし共有物が複数あったり、共有物の一部を供することにより単独の所有権に変更できるのであれば、税法上の交換の特例が適用できます。

(1) 交換の特例

本論に入る前に、まずは個人であれば所得税法、そして法人であれば法人税法に交換についての特例の規定が用意されていますので、それを確認しておきましょう。

常識論としては、例えば物と物を交換して金銭のやり取りがなければ、税金がかからないのが当たり前です。むしろ、そこになぜ税金の問題が出てくるのか、その方が疑問かも知れません。しかし、税務の交換の考え方は、まず双方がそれぞれの資産を売却をして、その売却で得たお金で相手の資産を購入したと考えます。ですから、購入したことはともかくとして、売却したことだけに着目して税金を課税するのです。したがって、

> **Keyword**
> **税務署からの問い合わせ**
>
> 共有財産の分割をした場合、分割の方法によっては、当初の持ち分割合と異なる価額差が生じる場合があります。その差額は贈与税の課税対象となりますが、登記簿の名義や持ち分割合の変動を、税務署は常に監視しています。そして、贈与税課税の疑義がある場合、それについての「お尋ね」が来ることになり、回答が必要です。

双方ともが譲渡税の対象となってしまうのです。

ただし，少し専門的になりますが，一定の要件を満たした場合，特例として譲渡税がかからない仕組みも用意されています。それではその要件を確認しておきましょう。所得税，法人税の両税ともその要件は同様と考えて構いません。

① 譲り渡す資産は，1年以上所有していた次の固定資産であること

　ⅰ）土地　ⅱ）建物　ⅲ）機械及び装置　ⅳ）船舶

　ⅴ）鉱業権（租鉱権及び採石権その他土石を採掘し又は採取する権利を含む）

② 取得する資産は相手方が1年以上所有していた固定資産で，かつ，交換のために取得したと認められるものでないこと

③ 譲渡した資産と取得した資産が同じ種類であること

④ 取得した資産を，譲渡した資産の譲渡直前の用途と同一の用途に供すること

⑤ 交換時の取得した資産の価額と譲渡した資産との価額との差額が，これらの資産の価額のうちいずれか多い方の価額の20％以内であること

等々です。これらの要件を満たすことを前提に，共有物の交換を検討してみましょう。

（2）共有物の交換①

例えば，図2を参照してください。X土地は6,000万円でAとBの共有です。AはX土地の他に3,000万円のY土地を持っていたとしましょう。ここで，Aが交換の特例を使って，

Y土地をBに供する代わりに，X土地のBの持ち分を取得すれば，X，Y両土地ともA，Bそれぞれが単独の完全所有権になります。

図2

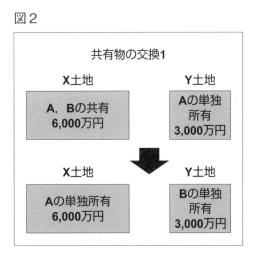

(3)"時価"の考え方

現実にはこの例のように，価額がちょうど釣り合うケースは少ないかも知れません。ただ，この場合の価額とは"時価"のことですが，それは必ずしも路線価だけを意味するものではありません。路線価はあくまでも相続税法上の時価に過ぎないのです。

土地の交換は，税務上は前述のとおり相互の売買なのです。したがって，ここでの時価は売買における時価になりますが，簡便的には公示価格ベースで考えればいいでしょう。税務的には公示価格が実際に売買した場合の時価であると考えられてい

るためです。

ただ、公示価格は路線価とは異なり、市街地にくまなく付されているものではありません。基点となるポイントごとにしか付されていませんが、ここは**公示価格と路線価**との関係に着目すれば解決できるのです。なぜなら、公示価格を100とした場合、路線価は80の割合で算出されているからです。そのため、その場所の路線価をもとに、0.8で割り戻せば公示価格が付された場合の価格が求められることになります。同じことではありますが、逆に路線価を1.25倍することによっても求められるでしょう。

この方法は最も簡便に売買時の時価を算出する方法ですが、これに拘束されるものでは決してありません。親子や兄弟等の親族間では通じませんが、第三者間であれば、相互に納得できる価額がまさしく"時価"と考えていいでしょう。昔から『隣

> **Keyword**
> ### 公示価格と路線価
>
> 公示価格とは地価公示法に基づいて、毎年1月1日における標準地を選定して公表される土地の時価の一つです。地価公示の目的は、一般の土地の取引価格に対して指標を与えるとともに、公共事業用地の取得価格の算定等の基準とされ、適正な地価の形成に寄与することにあります。
> 一方、路線価はこれも1月1日における時価として国税庁から発表されるものです。ただし、これは相続税や贈与税における土地の価格を示すためのものとなっています。このように一口に土地の"時価"といっても、その目的によっていくつかの時価が定められています。

地は借金してでも買え』の喩えもあるように，その土地の価値とは，当事者にとって，その土地を取得することでどれ程の効用があり，利用価値があるかの判断に基づくものだからです。したがって，第三者間の取引であれば，公示価格ベースでの価格が2倍も3倍も異なっても，何ら問題は生じないと考えていいでしょう。その土地が手に入ることにより，道路付けが良くなったり，容積率が増えたり，一般的にはさしたる価値がない場合でも，その当人にとっては計り知れないほどの価値を生む場合もあるからです。

（4）共有物の交換②

話を共有に戻しましょう。共有者に共有物が複数ある場合，この交換の特例を利用して，共有状態を解消できる場合もあるのです。図3を参照してください。X土地，Y土地，Z土地

図3

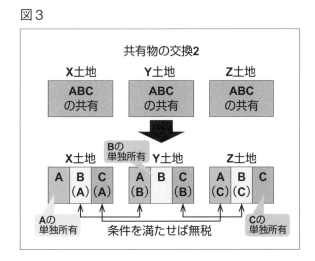

のいずれも等価でA，B，Cの共有だとしましょう。

　ここで交換の特例の要件を満たすことが前提ですが，X土地のBの持ち分を，Y土地のAの持ち分と交換します。他方，X土地のCの持ち分とZ土地のAの持ち分を交換します。同様にCの持ち分についても交換をすれば，X，Y，Zいずれの土地もそれぞれA，B，C単独の完全所有権となり，共有状態が解消できるのです。

3　売買（売却）

　共有を解消する手段の中で，最もわかりやすいのは"売買"（売却）でしょう。とにかく売却処分をして換金化するだけだからです。換金化さえすれば，あとは持ち分によってその売却代金を分配すればいいのです。誰の目にも納得のいく，公明正大な方法でしょう。その意味ではこれ以上に全員の合意が得られる方法はありません。

　ただ，確かに理屈はそのとおりなのですが，現実には簡単には行かない場合もあるのです。なぜなら売却に反対する共有者がいるからです。反対なら自分が他の共有者から買い取ればよさそうなものですが，その金は用意できない。ならば売るしかないのに，それは嫌だ，と堂々巡りを繰り返すことになります。これこそ共有解消の最大の問題点で，売却には原則として共有者全員の合意が必要になるのです。

　ここで「原則として」と言うからには例外があります。というのは，共有持ち分を共有持ち分のまま，他へ売却ができるからです。つまり，それまでは身内だけで共有していたのが，そ

こへ全くの第三者が登場する可能性もあるのです。共同ビルのように，初めから第三者同士の共有であれば，それ程珍しいことではありません。投資目的や将来的な展開を考えて，共有者の一人になることは十分に考えられることだからです。

しかし，兄弟や親せき等の共有状態で，共有持ち分を単独で売却するとなると，事態はいささか深刻です。そのような状態の中に，あえて共有者の一人になろうと考えること自体，よからぬ目的でもある場合だけなのではないでしょうか。他の共有者に嫌がらせをして，結局は他の共有者の持ち分を非常に低い価格で買い取ってしまい，その後，完全な単独の所有権にして，高い価額で売却することは十分に考えられるからなのです。つまり，このようなケースで共有持ち分を売却すること自体，何らかの企みがあることを前提としているのが大半であることは，想像に難くありません。

4 贈 与

対立した共有関係ではあり得ないでしょうが，例えばAとBの共有が良好な関係であれば，一方から他方への贈与も考えられます。とりあえずその時は共有にはしてみたものの，共有状態のデメリットを考えれば単独所有の方が良いに決まっています。贈与のよる移転自体は簡単ですが，問題は税負担です。

贈与の対象となるものが少額であれば問題はないでしょう。しかし，とりわけそれが不動産の場合には，一度の贈与で解決できない場合も多いのではないでしょうか。多少手間はかかりますが，年度を分け数年かけて行うこともちろん可能ではあ

ります。ただ，それを一度で行うとすれば，相続時精算課税制度による贈与を活用するのも一法でしょう。

ここでこの制度の詳細を述べませんが，概要だけを確認のためにまとめてみましょう。

① 贈与者（贈与を行う人）の年齢が贈与の時点で60歳以上であること
② 受贈者（贈与を受ける位人）は贈与時点で20歳以上の贈与者の子や孫等，直系卑属であること
③ 贈与の回数，対象物に制限はありませんが，2,500万円までが非課税で，贈与の累積額でそれを超えた場合，20％の税率が課税されること
④ 一度この制度を選択すると，毎年110万円の基礎控除がある暦年課税による贈与税の適用は受けられないこと，

等々です。

言うまでもないことですが，この制度を使っても，実際の相続時にはこの贈与がなかったものとして相続財産を形成することになります。その時の価額は贈与時の価額で計算され，相続時点での価額ではありません。そして，算出された相続税額から，この贈与に係る贈与税額が控除されることにはなっています。

しかし，贈与時と相続時の価額のどちらが高いか低いかにより，節税になったり重税になったりもします。つまり，いわゆる相続税の節税対策としては確かなものにはなり得ないので注意が必要です。

ただ，賃貸マンションやアパートのような収益を生む建物だけに限ってこの贈与を考えた場合，その効果はかなりあると考

えていいでしょう。というのは，建物を贈与する場合の価額は**固定資産税の評価額**を基に計算されます。これは実際の建築価額に比較してかなり低いのです。そして，賃貸物件であれば，その建物の固定資産税評価額からさらに借家権相当の30％が控除されます。もちろん，2,500万円を超える部分には20％の税負担が生じますが，建物の評価額によっては十分に贈与可能なものになるでしょう。まして，共有持ち分だけの贈与であれば，その負担はさらに軽いものになるわけです。

そして，この建物の贈与により，その後の収益そのものが移転することが最大の効果でしょう。親から子への贈与であれば，親の所得が生前に移転し，その利益から生じる財産が，親ではなく子に蓄積されるからです。所得税対策と共に，将来の相続税対策に資することにもなります。

5 信 託

昨今，信託が成年後見制度の代わりに利用され，話題になることが多いようです。さらには相続対策や各種税目の節税に活用されることもあるようです。信託法改正当初はあまり話題に

> **Keyword**
> **固定資産税の評価額**
>
> 建物を建築すると、市町村ではその建物に固定資産税を課税するため、調査を行い評価額を算出します。これはその建物の構造、用途、使用されている建築部材等を基に算出されますが、工事請負契約書を参考にするため、実際の建築価格を上回ることはありません。

なることもなかった信託ですが,様々な活用法が議論されていることは,信託の一層の普及につながるでしょう。

ただ,共有解消の一法として信託を挙げることに,違和感を持つ方もいるのではないでしょうか。確かに信託そのものが共有の解消に直接寄与するものではありません。

しかし,従来の共有者に代わってモノを言い,行動していくことで,共有状態を活性化させ,場合によっては持ち分の買い取りを促すこともあり得るのです。その意味では,信託も共有解消の一方法と考えられるのです。

信託にあまり馴染みのない方のために,ここで極々簡単に信託の基礎知識を復習しておきましょう。信託というと,一般的には信託銀行が行う信託を思い浮かべることが多いかも知れません。あれは商事信託といって,不特定多数の顧客を想定して業務として行うものです。したがって,誰でもが自由に行えるものではなく,免許や登録が必要になります。

これからお話しする信託は,これとは全く異なるものです。前述の商事信託に対し民事信託といわれているもので,特定の相手だけと行うものなのです。具体的には親と子,親と子が主催する法人というように,あくまで自由に一対一の関係で行うこと事が前提です。報酬の有無について特段の規定はありませんが,決して業として行うものではありません。

さて,信託とは財産を誰かを信じて託し,その運用や契約によっては売却・処分までを依頼する法律行為です。登場人物は3人。①自分の財産を誰かに託する人(『委託者』という)②その財産の運用や処分等までを引き受け,実行する人(『受託者』という)③その財産から生じる利益を享受する人(『受益者』と

いう)の3人がそれです。

　不動産を例にとって考えてみましょう。例えば委託者Aが高齢のため，所有する収益物件の管理が困難になってきたとします。それを息子のBに信託すると，Bは受託者として登記簿上は所有者となります。もちろん，真実の所有者はAであることに何ら変更があるわけではありません。しかし，『信託』を原因として登記簿上はBが所有者となり，信託契約の内容次第では，BはAの承認を得ることなく，信託の目的に沿って様々なことができる権能を得ることになるのです。

　つまり，契約内容次第ですが，単なる管理業務ではなく，元々の所有者がなし得るほぼすべての行為をすることができるのです。信託とはそれ程に強い権限を有することなのです。

　なお，信託財産から生じる利益については，受益者のものとなります。したがって，その利益については受益者が申告すべき立場となります。そのため，そもそもの所有者である委託者以外の者が受益者になれば，委託者からの贈与となることには注意が必要でしょう。贈与に係る課税を免れるためには，委託者＝受益者である必要があるのです。

第2章

共有不動産の解消事例と問題点

不動産の共有

　第2章では第1章で述べた五つの共有の解消方法を具体例で検証してみたいと思います。

　ここで取り上げる具体例は，基本的に「こうして共有を解消しました」という成功事例の紹介です。しかし，逆に何らかの原因で共有状態から脱することができなかったケースもあります。むしろ，失敗例からこそ学ぶべき点は多いかも知れません。

　そこで成功例を中心としつつ，併せて若干の失敗例を見ながら，どうすれば共有を解消できるのかを考えてみることにします。

　また，具体例によって解消プロセスをイメージした後には，それぞれの解消方法における問題点や注意点も細かく確認していきます。詳細に検討すると，どの方法であれ「共有者の理解と協力」があってこそ解決に結びつくことがわかると思います。

第 2 章 共有不動産の解消事例と問題点

1. 共有物の分割による解消の具体例 p28
2. 共有物の分割による解消の問題点 p32

3. 交換による解消の具体例 p39
4. 交換による解消の問題点 p51

5. 売買による解消の具体例 p62
6. 売買による解消の問題点 p67

7. 贈与による解消の具体例 p69
8. 贈与による解消の問題点 p73

9. 信託による解消の具体例 p77
10. 信託による解消の問題点 p85

1 共有物の分割による解消の具体例

初めの事例は早速失敗例の紹介です。なぜ初めから失敗例を挙げるかといえば，結局のところ共有を解消するには，例外的な場合を除き，共有者全員の合意が必要だからです。全員が共有状態の問題点を認識し，それを解消しようという積極的な気持ちがないと，方法論をいくら議論しても実現しません。それがいかに難しいことであるかの参考となれば，事例の紹介としては成功だろうと思います。

1 高級住宅地の分割

(1) 共有の状況

父親の相続時に配偶者である母，長女，長女の子（養子），次女の4人で4分の1ずつの共有となっている一筆の土地があります。閑静な高級住宅地に面積にして100坪はあるでしょうか。現在はそこに母親と長女家族が居住している居宅があり，広々とした庭に囲まれている状況です。

図1を参照してください。現在は③と部分的に①にまたがる形（①'）で母名義の居宅が建っています。これを相続税評価額をもとに，各自の持ち分が4分の1になるよう，次のような分割を考えました。いわゆる共有物の分割で，①は長女と長女の子の共有に，②を次女単独に，その上で③を母親単独に①，②，③に分割して将来の母親の相続時に相続がしやすい形にしようとしたのです。

図1

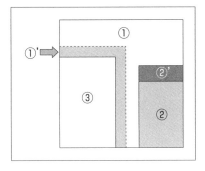

(2) 自治会の制約

ただ、このような分割にすると、②の部分が30坪強となり、この地域では建物を建築できない面積になってしまうことが判明しました。実はこの地域にはこの町独自の『○○町憲章』と

> **Keyword**
> ### 自治会ルール
>
> 自治会とは一定区域の世帯や事業所が参加し、その地域の課題の解決や管理を行う文字どおり自治的な組織です。自治会の中には不動産の登記や財産の所有が可能な法人格を持つものと、法律上の権利義務の主体とならない権利能力のない社団である団体の2種類があります。自治会はまた、行政と住民の連絡窓口の役割も果たし、独自のルールを制定して地域の要望の合意形成や自治活動にも取り組んでいます。
>
> 本文で取り上げた自治会ルールは都内の高級住宅地で実際に定められているものです。地域によってはこのような独自のルールが存在する場合がありますので、事前に確認しておくとよいでしょう。

いう**自治会ルール**があるのです。緑を守り、ミニ開発を避けて高級住宅地らしい良好な居住環境を維持しようという趣旨で制定されました。法律ではないので強制力がどれだけあるかは定かではありませんが、この地域に長年住んできた者としては、無視することはできません。

　そこで、②の北側に②'として7坪ほどの面積を足して、②＋②'を次女の持ち分にすることを考えました。ただし、②'の部分を加えた分割は、等価を前提とする共有物の分割になじみません。この時点で②'の部分の贈与を受けるか、あるいは母親の遺言書を作成し、将来の相続時に遺言によって取得するかのいずれかの方法を次女に提案したのです。

2　次女が納得せず問題は先送り

(1) 母親の相続まで考えて

　冒頭に述べたように、共有状態を解消するのには、全員の承諾が必要です。この土地について測量だけは終わったものの、実はこの分割案は母親の相続時における分割も見据えたものだったのです。というのは、現在長女は母親と同居しているため、長女がこの敷地を相続するのが極めて自然であると考えられるためです。また、それによってこの土地について小規模宅地の80％引きの特例も適用ができることになるのです。

(2) 次女の疎外感？

　しかし、この提案に対する次女の反応は鈍いものがありました。この区画割による不動産の場所としては、③の部分が角地

で利用勝手もよく，不動産としての価値が高いことは一目瞭然です。また，次女はこの段階で自分だけが他の共有者と離れて単独所有になることに，一種の疎外感も感じたようでした。しかし，前述したように長女は次女と異なり現在も母親と同居しています。したがって，長女がその場所に居住し続けることは，母親の面倒を見ていることからも当然の成り行きのようにも思われました。

　もちろん，この段階で共有物の分割をしても，長女とその子（養子）は共有のままです。ただ，これも親子の共有であり，将来に禍根を残すようなものではありません。

　結局，次女が首を縦に振らないことにより，この共有状態は解消されておらず，問題を先送りせざるを得ないことになってしまいました。というより，将来において母親の相続時には解決が困難になることを現時点で覚悟しなければならないのでしょう。

2 共有物の分割による解消の問題点

1 代償分割という手法

(1) 物理的な分割を諦める

　不動産の共有を"共有物の分割"で行う場合の一番の問題は，土地であればその面積や形状が限定されてしまうことです。極端な例を挙げれば，わずか10数坪の土地では面積が少な過ぎてそれ以上小さな土地には分割できません。また，分割すると間口が最低2m必要とされる**接道義務**を果たせなくなる場合もあるでしょう。

　そんな時は物理的な分割は諦めるしかありません。その代わり，相続で財産を分けるにあたり共有を避けるには『代償分割』という方法があります。これは土地そのものを分けるのではなく，土地の代償として金銭で分けて解決する方法です。

(2) 具体的な手法

　例えば3人が15坪ほどの小さな土地をめぐって分割方法を考えたとしましょう。これを1人5坪ずつには分割できません。仮にこの土地が唯一の相続財産で，時価が1,500万円な

接道義務

　建物の敷地は、幅員4m以上の道路に2m以上接していなければなりません。これが建築基準法で定められている接道義務といわれるものですが、この道路も建築基準法で認められた道路をいいます。ただし、それが公道か私道かは問われません。

ら，一人あたりの持ち分に対する価値は500万円です。3人の内1人がこの土地を相続し，他の2人には500万円ずつを金銭で渡すのです。こうすれば土地を相続した人は1,500万円の価値ある財産を取得します。が，他の2人に合計で1,000万円を支払っているので，差し引き500万円を相続したことになります。他の2人はそれぞれ500万円の金銭を取得しているので，結果的には一人500万円ずつを相続したことになり，公平な分割ができたことになります。

　ここでは説明の都合上，それぞれが500万円と表面的にも公平になる例を挙げました。しかし，仮に土地の時価が1,500万円だとしても，土地という形では相続したくないという相続人もいるでしょう。逆にどうしてもこの土地に愛着があり，土地を相続したいという相続人もいるかも知れません。これは相続人の間での話し合いだけです。どうしても調整が付かなければ売却しかないのですから。

　ただ，常にこの土地の適正な時価を算出しなければならないわけではありません。例えば公示価格や路線価では1,500万円としても，維持するのには固定資産税他の費用もかかり，また売却すれば**譲渡税**もかかります。そのような事情を考慮して，他の2人には350万円，あるいは400万円ずつ渡すということでもいいのです。要は話し合いで全員が納得できればいいだけのことなのです。

(3) 分割協議書への記載

　ここで重要な事は相続人全員の意見がまとまった場合，その内容を必ず分割協議書に記載し，書面で残さなければならない

ことです。そして，相続税の申告が必要な場合には，申告書にその分割協議書のコピーを添えて提出することです。

これによって，税務署も相続の分割方法の一つとして，代償分割をしたことが理解できます。そうでないと，相続財産は15坪の土地だけで，それをある一人が相続した事実がわかるだけです。その後，他の2人に何らかの金銭の授受があれば，それは土地を取得した人からの贈与となり贈与税が課されることになってしまいます。

(4) 相続税の申告書

相続税の申告が必要な場合ですが，もちろん分割協議書に記載したとおりの分け方を反映させることになります。ただ，相続財産は一つの土地だけです。したがって土地を取得した人

譲渡税

正しくは所得税及び住民税の譲渡所得にかかる税負担のことをいいます。不動産を売却して売却益がある場合、通常の経常的な所得とは別枠で、分離課税として課税されます。その所有期間によって短期保有と長期保有に区分され、税率も所得税と住民税合計で、短期が39％、長期が20％となっています。これらに加え、復興特別所得税が平成49年まで所得税額の2.1％が加算されます。

また、相続税の申告期限から3年以内に相続財産を売却した場合、『取得費加算の特例』という特例が用意されています。これは相続税額の一部をいわゆる原価である取得費として加算できるため、結果として売却益が減少し税負担が軽減されます。

が，一人で相続財産を相続した表示になります。原則どおりに路線価で評価をしていれば，その路線価に基づく評価額で計上することになるでしょう。

しかし，例えば土地を相続した人が他の2人に400万円ずつ支給する旨が分割協議書に謳われているのなら，合計800万円をその人から控除してあげなければなりません。この800万円のことを"代償債務"といいますが，土地を一人で相続する代償として二人に支払う債務なのです。

つまり，相続で取得した1,500万円の土地から800万円の代償債務を控除して，700万円を相続した形にして計算するのです。逆に400万円を貰った二人については，本来の相続財産ではないけれど，相続財産自体は何ら相続しなかった代償として金銭を得たわけで，これを代償債権として申告書に反映することになるのです。土地を相続した人をA，400万円の代償債権を取得した人をBとCにしましょう。申告書の取得額はAが700万円，BとCが400万円を取得したものとして，結果的には合計1,500万円の財産が計上されたことになります。税務署としては土地だけの1,500万円となり金額的には同じで損も得もしていません。これで，金銭の授受が贈与ではなく，代償分割によるものであることを説明できるのです。

2 共有物の分割対象が複数の場合

共有物が複数ある場合には，次のような工夫が考えられると思います。18〜19ページで示した共有者に共有物が複数ある場合の再確認です。

図1をご覧ください。X土地，Y土地，Z土地の三つがいずれもA，B，C3人の共有だったとします。説明の便宜上，X，Y，Zの三つの土地は価額が等価だとすれば，まずはそれぞれの土地を共有物の分割で3分割します。例えばX土地についてそれぞれAの土地，Bの土地，Cの土地というように区画割をするのです。これでとりあえず共有の状況は解消します。Y土地，Z土地についても同様の区画割をすれば，すべての土地の共有はなくなります。

図1

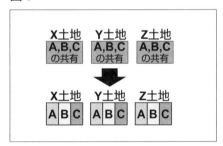

　その上で，X土地のBの土地をY土地のAの土地と交換します。さらにX土地のCの土地をZ土地のAの土地と交換するのです。その結果，X土地は全体がAの単独所有の状態にできることになります。同じ手法でY土地はBの，Z土地はCの単独所有にすることができるのです。もちろん，交換の特例の要件を満たすことが前提ですが，無税でこれらが可能になります。

　つまり，共有物の分割対象が複数の場合には，単純な共有物の分割に留まらず，交換の手法まで加えることによって，さらなる発展があるのです。共有物の分割で問題が解決できればそ

れはそれでいいのですが、応用編として覚えておいてください。

なお、あえて一度共有物の分割をしなくても、いきなり共有持ち分の交換でも同様の効果は得られるでしょう。

図2

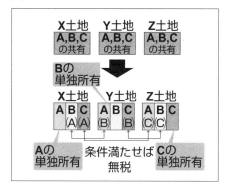

3 実務における注意点

共有物の分割も交換も税務の考え方は理解できたのではないでしょうか。しかし、実際にこれらを行う場合、税務の作業だけでは完結しません。まずは価額を考えながら土地を分筆しなければならないからです。これには測量士や土地家屋調査士の協力が必要です。さらに交換の登記をする場合には、司法書士にお願いすることにもなります。

そして、その際に登記が伴う場合には、登録免許税が課されることになります。土地を分筆して、共有物分割の登記をした場合、その共有物について有していた持分に応じた価額に

1,000分の4の税率で課税されます。

　例えば3,000万円のＸ土地をＡとＢが2分の1ずつ共有しているとします。そのＸ土地を，1,500万円のＸ１土地と1,500万円のＸ２土地に分筆し，Ｘ１についてＡの持分を全部移転，またＸ２についてＢの持分を全部移転する場合です。

　なお，共有物の分割において，原則的には不動産取得税は課税されません。ただ，分割前の持ち分割合を超えてしまえば，その部分については課税されることは言うまでもありません。

3 交換による解消の具体例

1 底地と借地権を交換した事例

　交換による共有の解消方法として，典型的なものの一つに底地と借地権の交換があります。地主としては土地の所有権はあるものの，そこに借地人がいる場合，実質的にはその土地を使用することもできず，絵に描いた餅の状態になっています。

　一方，借地人にとっては，昔からその土地を利用していれば，旧借地法の適用で借地権を主張でき，一見すると権利の保護がなされてはいます。しかし，地代の改定や借地期間の延長のたびごとに行う更新料の問題，さらには建物の建て替えや増改築に伴う地主の許可等土地の利用に制限がなされていることへの不満があります。

　双方の不満を解消するためには，底地の一部と借地権の一部とを交換し，互いに主張できる面積は減るものの，完全所有権にすることが手っ取り早い方法です。しかし，そこには様々な問題があり，解決に工夫が必要な場合もあるのです。

(1) 親族間の借地関係

　まずは図2を参照してください。底地の所有者Aと借地人であるBは親戚関係です。Bは体も意識もしっかりしてはいるのですが86歳で一人暮らし。二人の息子がいるものの，それぞれ所帯を持って別居の状態です。そして二人ともそれぞれに持ち家があり，将来的にもBの借地権を相続しこの場所に住みたいという希望はないようでした。

地主のAも今までは親戚関係ということもあり，Bとの間で更新料の請求をしたことがありません。しかし，いずれやって来るBの相続を踏まえ，借地関係を整理しておきたかったのです。また，Bの生活状況もよくわかっていたので，ここで世間相場並みの更新料を請求したところで，それが実現性のないことも承知をしていました。月々の地代も年金暮らしであることを考慮し，ここ10年程据え置いたままの状態でした。

さらに，ここ何年かはその地代さえも遅れがちで，いくら親戚とはいえ，その権利関係の整理は待ったなしの状況だったのです。

図2

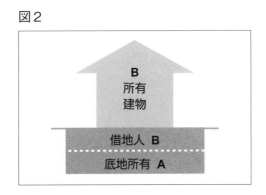

(2) 底地・借地の交換の問題点

そこで，結論としては現在Bの建物がある敷地をBの所有権になるよう，底地と借地権とを交換することを考えました。そして，金銭による精算が生じないよう，双方の交換対象の底地部分と借地部分が等価になるように敷地の区分の検討をしたのです。

この場所での借地権割合は60％。したがって，もし借地権割合を基に交換を考えるなら，AとBとの交換後の敷地面積は地主であるAが4に対し，借地人のBは6になります。しかし，第1章の交換の"時価"の考え方でも述べたように，親子や兄弟間の交換でもない限り，借地権割合など無関係に，双方にとっての価値基準で考えればいいのです。このケースでは確かに親戚ではありますが，相互に特殊な関係性は認められないため，第三者間取引と考えて支障はないと思われます。

　ただ，Aとしては，今まで更新料の授受もなく，地代も長年据え置いたままである経緯を踏まえれば，4：6で自分の方が少ない面積になるなど，到底承服できるものではありませんでした。逆に借地人のBは，従前からの居住スペースが確保さえできれば，面積に拘泥するつもりは全くなかったのです。

　しかし，どのように区割りし計算してみても，Bの建物敷地を確保するとAには不満の残る交換にしかならない状況でした。

> **Keyword**
> ### 底地と借地権
> 　税務においてはその土地に借地人がいる場合、一つの土地を底地部分と借地権部分に分解し、あたかも二つの財産から成り立っているように考えています。その評価にあたっては、両方を足して更地価額である100％になる仕組みです。したがって、借地権割合が60％の地域であれば、底地部分は40％、借地権割合が70％なら底地部分は30％という具合です。

(3) 将来に向かっての交換

 そこで,現時点での交換価値にかかわらず,将来に向けて現状を整理する,言ってみれば未来志向型の条件付き交換をすることになったのです。

 具体的には,最終的な交換の土地形態を決め,将来はそれを履行するものの現時点ではその履行,土地の明け渡しは猶予するという条件なのです。図3を参照してください。

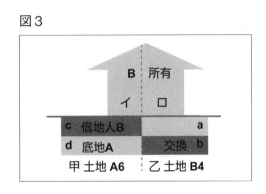

図3

 交換の最終形は地主Aが甲土地,借地人Bが乙土地で面積的にはA：Bで6：4になっています。しかし,現時点ではB所有の建物が甲土地上にもまたがって建っているため,乙は建物のイの敷地部分の引き渡しができません。そのため,借地人Bの生存中はその引き渡しを免除してもらう契約にしました。これにより,Bの死後にこの交換をめぐって子供たちに禍根を残すことなく借地権を引き継がせることができることになったのです。

（4）交換契約の内容

それでは，その交換契約の具体的な内容を検討していきましょう。

① 地主Aと借地人Bは図3におけるbとcを等価と認め，金銭の授受を行うことなく交換をする
② 地主Aはその存命中は図3のc部分の引き渡しを猶予する
③ 借地人Bは引き渡し猶予期間終了後1年以内（つまり，Bの相続開始後1年以内）に自らの費用と責任で本物件上の建物の解体又は減築に着手し完全な更地にする
④ 上記工事完了後は速やかに建物の滅失登記をし，建物消滅の事実を証明する

この他にももちろん，詳細な契約事項はあるものの，概ねこのような内容の契約で双方の了解を得たのです。

さらに，借地人Bの2人の息子は地主Aに対し，次のような内容の覚書をこの交換契約締結と同時に差し入れています。それは「上記交換契約書記載の引き渡し猶予期間終了後のBの履行義務を兄弟が連帯して履行すること」です。具体的には，

Keyword 瑕疵担保責任

契約の目的となるものに一般の人では発見できないような欠陥があった場合、売り主や引き渡し者が、引き受ける側の権利者に対して負わなければならない担保責任を瑕疵担保責任といいます。ここでは、建物を取り壊して処理をすることが義務付けられているので、それが十分でなかった場合、Bの2人の息子にその責任を負わせることができるとするものです。

①　建物の取り壊しに係る処理**瑕疵担保責任**を負うこと

　②　残置物の放棄等についての細目

です。これにより，借地人Bは生存中は更新料の支払いも免除され，相続開始までの期間，従前と同様に現在の場所での生活が保証されることになりました。

2　将来の交換を目的として相続時精算課税贈与を活用した事例

　贈与税の特例に『相続時精算課税』という制度があります。通常の贈与は暦年を単位として毎年110万円の基礎控除があり，それを超えた部分に累進税率で贈与税が課税されます。

　それに対し，この相続時精算課税による贈与は，一定の要件のもと生涯で2,500万円までが贈与税が非課税で，それを超える部分も一律20％の税率で課税されるものです。ただし，贈与が成立しても実際の相続時には贈与がなかったものとして相続税が課税されてしまいます。もちろん，精算課税による贈与の際に贈与税が課税されていれば，その贈与税は相続税から控除されることになっています。したがって，相続税の前払い的な贈与と考えていいでしょう。

　この制度を利用して，将来を見越した交換を行い，共有の解消を行ったのが次の事例です。

(1) 財産の保有状況

　父親の相続により配偶者，長女，長男の3人が財産を取得しています。配偶者が相続した土地のうち甲土地については，配偶者の税額軽減の特例を受けるための調整で，長男と2分

の1ずつの共有となっています。また、配偶者は自宅敷地の他に乙土地（図4参照）も相続していて、こちらは単独名義の状態です。

これらの土地の現時点での相続税評価額は次のとおり。

甲土地（母親と長男の共有）	1億2,000万円
乙土地（母親の単独所有）	4,500万円
自宅敷地（母親の単独所有）	6,000万円

さて、乙土地ですが、数年前から周辺道路の拡幅工事が進められていました。今はまだ住宅地の細い道路に接しているだけなので、路線価も㎡あたり45万円と東京の住宅地では平均的な価格といったところでしょうか。しかし、数年後にはこの土地が道路拡幅により、大きな国道に接することになる予定なのです。つまり、現時点では路線価も45万かも知れませんが、将来的には倍額とはいかないまでも、相当程度上昇することが見込まれる状況なのです。

図4

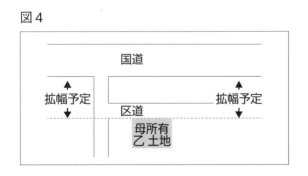

(2) 将来の相続税負担を考えて

　長男は母親がこのまま乙土地を所有していれば、土地価額の上昇で相続税の負担が重くなることを懸念していました。税理士とも相談の結果、路線価が比較的低い段階でこの土地を長男に贈与してもらおうと考えたのです。もちろん、通常の贈与では贈与税の負担も相当な額になってしまいます。そこで2,500万円までの贈与が非課税になる『相続時精算課税制度』の活用を考えたのです。

(3) 相続時精算課税制度の概要

　ここで、第1章の「4　贈与」でも簡記しましたが、この相続精算課税の制度の概要を確認しておきましょう。

① 贈与できる側の条件としては60歳以上であること

② 贈与を受けられるのはその子又は孫ですが、20歳以上であること

③ 贈与をする側とされる側は個別に選択すること

　つまり、父親と長男、母親と次男という一対一の関係です。ただし、この制度は一度選択すると、通常の暦年で計算する110万円の基礎控除がある贈与を利用することはできません。したがって、例えば長男は父親とこの制度を選択すると、生涯この父親からは暦年ごとに計算する贈与を受けることはできないので注意が必要です。

　しかし、この場合であっても、母親とは通常の贈与は可能です。あくまでも1対1の関係で選択することになります。

④ この贈与を行うことは何度でも可能であり、贈与の額の

累積が2,500万円まで贈与税は非課税，それを超えた場合，超えた部分の一律20％が贈与税の税率となること
⑤　贈与できる財産の種類も金額も回数にも制限がないこと
⑥　この制度による贈与税を納めた場合，実際の相続時にはもち戻し計算がされ，贈与財産も相続税として計算されること

　　ただし，そこで算出された相続税額から既に納めた贈与税額は控除されます。そのため二重課税とはならず，相続税の前払いとして考えればいいでしょう。

ここで注意すべきは，既に贈与を受けた財産が相続財産としてもう一度課税される場合の価格です。贈与時点から実際の相続までどれ位の期間が経過するかは不明ですが，相続時に取り込まれる価格は，贈与時点での価格であることです。

　したがって，贈与時に100万円で計算されたものが，相続時点には1,000万円になっていても，相続税の計算では100万円で計算されます。逆に贈与時に1,000万円であったものが，100万円に減少していることもあるでしょう。価格面だけでいえば，この贈与は得する場合も損する場合もあるのです。

（4）予定どおりの事態の推移

　これらの相続時精算課税制度の内容を理解した上で，長男は乙土地について母親からこの制度によって贈与を受けました。
　それから3年半が経過して，道路拡幅工事も着工し，周辺の風景も一変していきました。その後間もなく拡幅工事は終了し，路線価も公表されました。この道路沿いを除いては路線価

も微増にとどまっていましたが，拡幅された道路沿いは当初のm²あたり45万円が65万円にまで急増。長男の目算どおりに土地価格は上昇したのです。

(5) 共有土地の活用

この母親は乙土地の他にも甲土地を所有していることは既に述べたとおりです。この甲土地は長男との共有になっていたのですが，実はこの土地をめぐっては，土地の活用について長男にも悩みがあったのです。それまでは駐車場用地として利用していたのですが，空きが目立ち，固定資産税を支払うとあまり採算の良い土地の活用方法ではなくなっていたのです。そこで，賃貸マンションを建てようという話が持ち上がったのですが相応の賃料も見込める状況とはいえ，長男には勤務先からの給与があり，その上に家賃収入が加わると，所得税及び住民税の負担が重くなるのが悩みの種だったのです。

(6) 副産物としての交換による共有の解消

❶ 母の相続を考えて

そこで考えたのが賃貸物件を法人名義で建築することでした。賃貸事業を営む法人を設立して，その代表者を長男の妻にした上で，役員報酬はその妻に支払うのです。

法人は土地が母親と長男の共有のため，二人に地代を支払う必要がありますが，賃貸マンションからの家賃収入を受け取るよりも長男の税負担は軽くなります。

一見良い方策に見えますが，これでは母親の相続時に問題となることがわかりました。母親の所有する土地はこの共有

の甲土地と自宅敷地だけです。乙土地は既に長男に贈与をしています。自宅敷地については,ここには長男と同居しているため,別居の長女に相続させることは現実的ではありません。つまり,長女に相続させる十分な不動産が無くなってしまったのでした。

❷ 甲土地の共有部分と乙土地との交換

そこで次に考えたのが,既に長男に贈与した乙土地と,甲土地の母親の共有持ち分との交換です。乙土地は精算課税贈与を行って長男名義になっています。ここを甲土地の共有持ち分と交換する場合には,交換時の時価が問題になります。相続ではないので,先ほど述べた贈与時の時価は全く関係せず,交換時の時価で考えればいいわけです。

交換時の時価とは実際に交換や売買をする時の価額をいいます。もちろんその価額は実際に売却してみなければわからないものではありますが,こういう場合,相続税の路線価が参考になります。というのは,実は税務署は公示価格を売買時の時価と考えているためです。ただ,公示価格はポイントごとに公表され,路線価のように市街地全般に付されてはいません。しかし,公示価格を100とした場合,路線価は80に,そして固定資産税の価格は70の水準に設定されています。

したがって,甲土地の公示価格ベースの時価は路線価を0.8で割り戻せば計算ができる仕組みなのです。この計算で割り出した共有土地の時価は1億3,000万円。母親持ち分は2分の1なので6,500万円となります。一方,乙土地は

6,300万円と算出されました。200万円の差は生じていますが，交換に際しては誤差の範囲内でしょう。

こうして，乙土地は母親単独名義に，そして甲土地は長男単独名義になりました。母親の相続時には乙土地を長女に相続させることができることになったのです。しかも，その価額は道路拡幅以前の低い価額で評価されることになります。相応の価値のある土地を，低い価額で長女にさせることができ，この交換によって長女の相続税負担を減らすことにもつながったのです。

図5

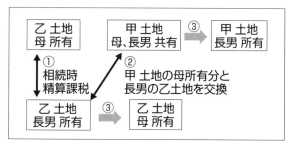

4 交換による解消の問題点

1 交換対象がマンションの場合は要注意

(1) 不動産登記法と相続税におけるマンションの評価方法

いわゆる分譲マンションについては、土地は所有権ではあるものの、『敷地権』といって建物と切り離しはできない権利形態になっています。この敷地権とは、区分建物の登記簿に登記された、専有部分と一体化された敷地利用権のことで、不動産登記法では敷地権というのです。確かに所有権そのものなのですが、土地の所有者全員の持ち分割合による共有なのです。そして、建物と一体という考え方なので、マンションの土地部分だけを売ったり、建物部分だけの名義を変えたりはできないということになります。部屋ごと、つまり201号室、302号室という部屋単位で売買をし、登記もしなければなりません。

不動産登記法上の考え方は、相続税法の評価方法とは全く異なります。

相続税法では、マンションは土地と建物という二つの評価単位の財産の集合体という考え方です。決して一体不可分の存在ではありません。したがって、土地は土地で単独評価、建物は建物で単独評価をした上で、土地と建物の評価額の合計がマンションの評価額となります。

(2) マンション同士の交換

このことからわかるように、マンションAの201号室とマンションBの302号室を交換する場合、相続税法の基本的な

考え方には"マンション"という単体の財産はありません。あくまでも土地と建物が合体した物との位置づけになります。

交換の特例の大原則として、同じ種類の固定資産であることが要件となっているため、マンションについても、土地部分と建物部分とを別々に評価額を算出し、それぞれが交換の特例の要件に合致していなければならないのでしょうか。

実態面で考えてみると、マンションの時価はあくまでも土地と建物が合体した一つの財産価値として考えます。それはマンションの場所や専有部分の面積、眺望、陽当たり等々を総合的に判断して割り出されます。マンションごと、部屋ごとに客観的な市場価格も割り出すことは可能です。それでも、マンションを土地と建物に分けて考えなければならないのでしょうか。

あくまでも私見ですが、マンション同士の交換が第三者間同士で行われる場合には、税務署もそこまで厳格なことは言ってこない気がします。市場価値が客観的に明らかになっているわけで、租税回避的な目的はないことは想像に難くないためです。それに何より、第三者間同士ですので、お互いに納得できる価額であれば、それがまさに"時価"でもあります。税法そのものの考え方とは違っていても、贈与の意思も租税回避の意思も見受けられなければ、認められるのではないでしょうか。もちろん、個々の事案について責任は持てませんので十分な検討が必要でしょう。ただ、第三者間での交換ということ自体、それほど件数があることとは思えません。

交換で多いのは、やはり親族間でしょう。しかし、親族間の交換となると、税務署の見る目は違ってきます。とりわけ親子や夫婦の交換は、客観的な経済価値に着目した場合、どちらか

一方が損をし，他方が得をする行為を行うからです。

例えばマンションとしてはその価額が概ね等価でも，タワーマンションであれば土地の価額の占める割合は，立体利用のためかなり低いものになるでしょう。一方で低層の3階建て，4階建て程度のマンションは土地の割合は自ずから高い比率になるでしょう。マンションの部屋全体としては等価でも，土地と土地，建物と建物とで比較した場合，明らかに異なる価額になることも多いのではないでしょうか。

純粋な法令解釈上はどこまで行っても否認されるリスクはあります。親族間のマンションの交換には細部にわたる注意が必要でしょう。

2 実務的には価額差なしの"等価"が無難

交換における最後の注意点は，極めて実務的な観点からのものです。交換の特例の要件の一つに，両者に価額差がある場合，高い方の価額の20％以内であることがあります。

ここから先は少し専門的な話をしたいと思います。交換は仮に金銭のやり取りがない場合でも，税務的には当事者相互の売買だということを説明しました。したがって，税額が算出されなくても，譲渡所得として申告をしなければならないのです。譲渡所得となれば，所得税の確定申告書に54〜57ページに掲げる『譲渡所得の内訳書』という譲渡に関する内訳明細を添付しなければなりません。

これを見ると，交換の場合には，相手方に渡したもの（譲渡した土地・建物）と相手から取得したものの詳細を記載するこ

1 面

譲 渡 所 得 の 内 訳 書

（確定申告書付表兼計算明細書）【土地・建物用】

【平成＿＿年分】

名簿番号

提出＿＿枚のうちの＿＿

　この「譲渡所得の内訳書」は、土地や建物の譲渡（売却）による譲渡所得金額の計算用として使用するものです。「譲渡所得の申告のしかた（記載例）」（国税庁ホームページ【www.nta.go.jp】からダウンロードできます。税務署にも用意してあります。）を参考に、契約書や領収書などに基づいて記載してください。
　なお、国税庁ホームページの「確定申告書等作成コーナー」の画面の案内に従って収入金額などの必要項目を入力することにより、この計算明細書や確定申告書などを作成することができます。

あなたの

現住所 (前住所)	（　　　　　　　　　　　　　　　　）	フリガナ 氏　名	
電話番号 (連絡先)		職　業	

※ 譲渡(売却)した年の1月1日以後に転居された方は、前住所も記載してください。

関 与 税 理 士 名
（電話　　　　　　　　　）

記 載 上 の 注 意 事 項

○　この「譲渡所得の内訳書」は、一の契約ごとに1枚ずつ使用して記載し、「確定申告書」とともに提出してください。
　　また、譲渡所得の特例の適用を受けるために必要な書類などは、この内訳書に添付して提出してください。

○　長期譲渡所得又は短期譲渡所得のそれぞれごとで、二つ以上の契約がある場合には、いずれか1枚の内訳書の譲渡所得金額の計算欄（3面の「4」各欄の上段）に、その合計額を二段書きで記載してください。

○　譲渡所得の計算に当たっては、適用を受ける特例により、記載する項目が異なります。
- 交換・買換え（代替）の特例、被相続人の居住用財産に係る譲渡所得の特別控除の特例の適用を受けない場合
　……1面・2面・3面
- 交換・買換え（代替）の特例の適用を受ける場合
　……1面・2面・3面（「4」を除く）・4面
- 被相続人の居住用財産に係る譲渡所得の特別控除の特例の適用を受ける場合
　……1面・2面・3面・5面
　（また、下記の 5面 に○を付してください。）

○　土地建物等の譲渡による譲渡損失の金額については、一定の居住用財産の譲渡損失の金額を除き、他の所得と損益通算することはできません。

○　非業務用建物（居住用）の償却率は次のとおりです。

区 分	木 造	木 骨 モルタル	(鉄骨)鉄筋 コンクリート	金属造①	金属造②
償却率	0.031	0.034	0.015	0.036	0.025

（注）「金属造①」……軽量鉄骨造のうち骨格材の肉厚が3mm以下の建物
　　　「金属造②」……軽量鉄骨造のうち骨格材の肉厚が3mm超4mm以下の建物

5面

（平成28年分以降用）

H28.11

2 面　　　　　　　　　　　　　　　　　　　　　　　　　　　　　名簿番号 □

1 譲渡(売却)された土地・建物について記載してください。

(1) どこの土地・建物を譲渡(売却)されましたか。

所在地	所在地番
	(住居表示)

(2) どのような土地・建物をいつ譲渡(売却)されましたか。

土地	□宅　地　□田	(実測) ㎡
	□山　林　□畑	
	□雑種地　□借地権	(公簿等) ㎡
	□その他(　　)	

建物	□居　宅　□マンション	㎡
	□店　舗　□事務所	
	□その他	
	(　　　　)	

利用状況
- □ 自己の居住用
  (居住期間　　年　月～　年　月)
- □ 自己の事業用
- □ 貸付用
- □ 未利用
- □ その他 (　　　　　　)

売買契約日　　年　月　日

引き渡した日　　年　月　日

○ 次の欄は、譲渡(売却)された土地・建物が共有の場合に記載してください。

あなたの持分		共有者の住所・氏名	共有者の持分	
土地	建物		土地	建物
		(住所)　　　　　(氏名)		
		(住所)　　　　　(氏名)		

(3) どなたに譲渡(売却)されましたか。　　　　(4) いくらで譲渡(売却)されましたか。

買主	住　所(所在地)			
	氏　名(名　称)		職　業(業　種)	

① 譲渡価額　　　　　　　　　円

【参考事項】

代金の受領状況	1回目　年月日　円	2回目　年月日　円	3回目　年月日　円	未収金　年月日(予定)　円

お売りになった理由	□ 買主から頼まれたため　　□ 借入金を返済するため
	□ 他の資産を購入するため　□ その他
	□ 事業資金を捻出するため　(　　　　　　　)

「相続税の取得費加算の特例」や「保証債務の特例」の適用を受ける場合の記載方法

○ 「相続税の取得費加算の特例」の適用を受けるときは、「相続財産の取得費に加算される相続税の計算明細書」(国税庁ホームページ【www.nta.go.jp】からダウンロードできます。なお、税務署にも用意してあります。)で計算した金額を3面の「2」の「②取得費」欄の上段に「(相)×××円」と二段書きで記載してください。
○ 「保証債務の特例」の適用を受けるときは、「保証債務の履行のための資産の譲渡に関する計算明細書(確定申告書付表)」(国税庁ホームページ【www.nta.go.jp】からダウンロードできます。なお、税務署にも用意してあります。)で計算した金額を3面の「4」の「B必要経費」欄の上段に「(保)×××円」と二段書きで記載してください。
○ 4面を記載される方で、「相続税の取得費加算の特例」や「保証債務の特例」の適用を受ける場合には、税務署に記載方法をご確認ください。

3 面

2 譲渡(売却)された土地・建物の購入(建築)代金などについて記載してください。

(1) 譲渡(売却)された土地・建物は、どなたから、いつ、いくらで購入(建築)されましたか。

購入 建築	価額の内訳	購入 (建築) 先・支払先		購入・ 建築年月日	購入・建築代金 又は譲渡価額の5%
		住 所 (所在地)	氏 名 (名 称)		
土 地				・ ・	円
				・ ・	円
				・ ・	円
				小 計 (イ)	円
建 物					
					円
					円
					円
建物の構造		□木造 □木骨モルタル □(鉄骨)鉄筋 □金属造 □その他		小 計 (ロ)	円

※ 土地や建物の取得の際に支払った仲介手数料や非業務用資産に係る登記費用などが含まれます。

(2) 建物の償却費相当額を計算します。　　　　　　　　　　(3) 取得費を計算します。

建物の購入・建築価額(ロ)	償却率	経過年数	償却費相当額(ハ)		②	(イ)+(ロ)-(ハ) 円
□標準 円 × 0.9 ×		×	= 円		取得費	

※ 「譲渡所得の申告のしかた(記載例)」を参照してください。なお、建物の標準的な建築価額による建物の取得価額の計算をしたものは、「□標準」に☑してください。
※ 非業務用建物(居住用)の(ハ)の額は、(ロ)の価額の95%を限度とします(償却率は1面をご覧ください。)。

3 譲渡(売却)するために支払った費用について記載してください。

費用の種類	支 払 先		支払年月日	支払金額
	住 所 (所在地)	氏 名 (名 称)		
仲介手数料			・ ・	円
収入印紙代			・ ・	円
			・ ・	円
			・ ・	円

※ 修繕費、固定資産税などは譲渡費用にはなりません。

③ 譲渡費用	円

4 譲渡所得金額の計算をします。

区分	特例適用 条 文	A 収入金額 (①)	B 必要経費 (②+③)	C 差引金額 (A-B)	D 特別控除額	E 譲渡所得金額 (C-D)
短期・長期	所・措・震 条の	円	円	円	円	円
短期・長期	所・措・震 条の	円	円	円	円	円
短期・長期	所・措・震 条の	円	円	円	円	円

※ ここで計算した内容(交換・買換え(代替)の特例の適用を受ける場合は、4面「6」で計算した内容)を「申告書第三表(分離課税用)」に転記します。
※ 租税特別措置法第37条の9の5の特例の適用を受ける場合は、「平成21年及び平成22年に土地等の先行取得をした場合の譲渡所得の課税の特例に関する計算明細書」を併せて作成する必要があります。

整理欄	

4 面

「交換・買換え（代替）の特例の適用を受ける場合の譲渡所得の計算」
この面（4面）は、交換・買換え（代替）の特例の適用を受ける場合にのみ記載します。

5 交換・買換（代替）資産として取得された（される）資産について記載してください。

物件の所在地	種類	面積	用途	契約(予定)年月日	取得(予定)年月日	使用開始(予定)年月日
		㎡		・ ・	・ ・	・ ・
		㎡		・ ・	・ ・	・ ・

※ 「種類」欄は、宅地・田・畑・建物などと、「用途」欄は、貸付用・居住用・事務所などと記載してください。

取得された（される）資産の購入代金など（取得価額）について記載してください。

費用の内容	支払先住所（所在地）及び氏名（名称）	支払年月日	支払金額
土　　地		・ ・	円
		・ ・	円
		・ ・	円
建　　物		・ ・	円
		・ ・	円
		・ ・	円
④ 買換(代替)資産・交換取得資産の取得価額の合計額			円

※ 買換(代替)資産の取得の際に支払った仲介手数料や非事業用資産に係る登記費用などが含まれます。
※ 買換(代替)資産をこれから取得される見込みのときは、「買換(代替)資産の明細書」（国税庁ホームページ【www.nta.go.jp】からダウンロードできます。なお、税務署にも用意してあります。）を提出し、その見込額を記載してください。

6 譲渡所得金額の計算をします。

「2面」・「3面」で計算した「①譲渡価額」、「②取得費」、「③譲渡費用」と上記「5」で計算した「④買換(代替)資産・交換取得資産の取得価額の合計額」により、譲渡所得金額の計算をします。

(1) (2)以外の交換・買換え（代替）の場合[交換(所法58)・収用代替(措法33)・居住用買換え(措法36の2)・震災買換え(震法12)など]

区　分	特例適用条　文	F 収入金額	G 必要経費	H 譲渡所得金額 (F－G)
収用代替		①－③－④	② × $\dfrac{\text{①}-\text{F}}{\text{①}}$	
上記以外		①－④	(②+③) × $\dfrac{\text{F}}{\text{①}}$	
短期・長期	所・措・震 ___条___の___	円	円	円

(2) 特定の事業用資産の買換え・交換(措法37・37の4)などの場合

区　分	特例適用条　文	J 収入金額	K 必要経費	L 譲渡所得金額 (J－K)
① ≦ ④		①×20％(※)	(②+③)×20％(※)	
① ＞ ④		(①－④)+④×20％(※)	(②+③) × $\dfrac{\text{J}}{\text{①}}$	
短期・長期	措法 ___条___の___	円	円	円

※ 上記算式の20％は、一定の場合は25％又は30％となります。

とがわかると思います。双方共の金額を記載することになるのです。つまり、いくらといくらの交換だったのかを明らかにする必要があるのです。

しかし、結論からいうと、金銭のやり取りがない場合には、金額は記載しないか、記載するとすればあえて0円と記載することをお勧めします。実務的には下手に適宜の金額を記載するより、税務署に文句を言われないで済むのです。なぜかというと、前述のとおり、価額差がある場合には高い方の価額の20％以内という要件があります。金額の記載があると、まずは本当にその金額なのか、という判定が生じます。その上で価額の差が20％以内になっているかの是非が問われることになるのです。しかし、全く記載がない場合、又は0円表示にした場合には、客観的な価額はともかくとして、とにかく等価で交換したのだという意図、趣旨が伝わるのです。

ただし、これはあくまで第三者間の交換の場合です。何度も言うように、税務署は親族間の取引はまずは疑ってかかるからです。

3 三者での交換はできるのか

税務において交換の基本的な考え方は、相互の売買であることは説明をしました。その中で一定の条件を満たした場合だけ、特例で譲渡税が課税されないことも。

それではこの交換ですが、下図のように、AとBとCの三者で行うことはできるのでしょうか。例えばAはBに交換資産を渡し、その代わりにCから資産を取得する。BはCに交換資産

を渡し，その代わりにAから資産を取得する。Cも同様にAに渡してBから取得，そんな交換が認められるのでしょうか。

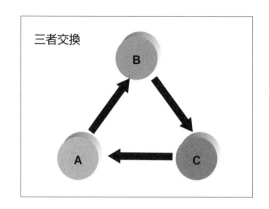

残念ながらこのような三者による交換は，税務の世界では認められていません。あくまで二者の間での交換だけですので注意してください。どうしてもこれを行いたいのであれば，いったんはAとBで交換を行い，その後AとC，さらにBとCの交換となります。しかし，忘れてはならないのは，交換は両当事者が1年以上保有しているものであることが条件です。ですから連続でこの交換行うと，この要件を満たさなくなってしまいます。

さらに，ここまで考えなくてもある程度の時間が経過していれば問題はないでしょうが，交換の目的で取得したものではないことも要件の一つです。このように考えると，三者による交換は現実には難しいのではないでしょうか。

4　片割れ交換の是非

　交換の要件の一つに"交換後，従前と同一の用途に供すること"というものがあります。つまり，従前は宅地として使っている土地であれば，交換で取得した土地も農地や山林ではなく，宅地として利用しなければならないのです。

　これは一見当たり前のことのようにも見えます。しかし，交換後直ちに売却してしまったらどうでしょう。従前と同一の用途に供することができません。したがって特例の適用が受けられず，譲渡税が課税されることになってしまいます。

　しかし，よく考えてみると，相手が交換直後に売却をするかどうか，こちらにはわかりません。果たして，相手の行動次第でこちらの課税関係が変わってしまうのでしょうか。

　こういう場合，双方が同じ扱いになるわけではありません。交換後，予定どおりに従前と同じ用途に供し，使用を継続した方は当然のように特例の適用を受けられます。そして，それは相手方の行動には一切縛られることはありません。つまり，交換をしたとしても，片方が特例の適用を受け，もう片方は適用を受けられずに，単純に譲渡をした課税になることはあるのです。

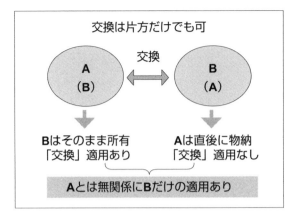

5 売買による解消の具体例

 共有を解消する方法として，最も簡単なのはもちろん売却です。あまりに単純明快な方法なので，売却代金を持ち分に応じて分配し，共有を解消しました，というのでは事例の紹介になりません。

 そこで，共有を解消するためというより，共有者のうちで不動産を換金化したい人のために，売却分を集約した事例を考えてみたいと思います。

1 事案の概要

 まずは図6を参照してください。A土地とB土地を，夫の相続により，すべてを妻と長女，養子である長女の夫の3人で共有しています。A土地はもともと被相続人の居宅のあった敷地で，妻と長女一家が同居していたものです。隣地のBは貸駐車場で，A，B両土地とも持ち分は妻である母は2分の1，長女とその夫は4分の1ずつの共有です。

 夫の相続税の支払いは手持ちの資金で何とかなりましたが，妻には今後の生活への不安があったのです。そこでBの駐車場用地を売却しようと考えましたが，この状態で売却しても，共有のため妻の手取りはその2分の1に過ぎず，不安の解消には至りませんでした。だからと言って自宅敷地をすべて処分するわけにもいきません。

 そこで，A土地のうちの妻の持分を，売却するB土地に寄せて，A土地の妻持分とB土地を一括して売却することを考えた

のです。

図6

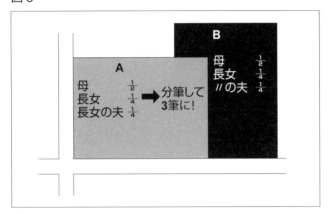

2 売却へ向けての共有の解消

(1) 公示価格と路線価の関係

そこで、まずはA，B両土地における各人の相続税法上の評価額を算出してみました。ただ、所得税法上の交換の特例を適用することになるので、交換に用いる価額は公示価格ベースです。税務署は売却や交換を行う場合の時価は、路線価による相続税評価額ではなく、公示価格であると考えているからです。

ただし路線価は市街地の大半の場所に付されていますが、それに対し公示価格はポイントごとに何か所かにしか見られません。つまり、売買や交換の時価を公示価格ベースで算出しようとしても、実務的には難しいようにも見えます。

しかし、『3 交換による解消の具体例』の「2 将来の交換

を目的とした相続時精算課税贈与の活用」の事例で，(6) 副産物としての交換による共有の解消の❷で述べたように，この公示価格と路線価，密接な関係にあるのです。公示価格は毎年3月末に公表されますが，これを100とした場合路線価は80になるように定められています。路線価の公表は7月ですが，公示価格の公表ポイントを基に細かな割り振りが行われています。さらに言えば，固定資産税の評価額は公示価格に対し70とされているのです。したがって公示価格：相続税路線価：固定資産税評価額は100：80：70の関係になるわけです。

(2) 妻の居住用土地の持ち分を移行

上記の考え方を利用して，路線価から公示価格ベースの金額を算出したところ，次のとおりでした。

表1

A土地			B土地		
全体評価額		1億2,000万円	全体評価額		9,000万円
各人の評価額	母	6,000万円	各人の評価額	母	4,500万円
	長女	3,000万円		長女	2,250万円
	長女の夫	3,000万円		長女の夫	2,250万円

B土地に占める母の割合も2分の1，表1からもわかるとおり時価にして4,500万円。これでは金額的に不足なのでAの母の土地の持ち分を，でき得る限りの面積を分筆して売却土地に接する形にしようとしました。分筆部分とBとを合わせ，整

形にして売却しようという計画です。その結果，図7のA-3部分が分筆できましたが，それでもA-2の部分に母の持ち分が残ってしまいました。評価額的には表2のとおりです。A土地はA1～A3総額で1億2,000万円。母の持ち分はその2分の1ですので6,000万円です。また，A2とA3は母の単独所有で合計が5,000万円のため，A1のうち，その差額1,000万円が母の所有分です。

表2

分筆後のA土地			
A1	総額 7,000万円		
A1	母 1,000万円	長女 3,000万円	長女の夫 3,000万円
A2	総額 2,000万円		
A2	母 2,000万円		
A3	総額 3,000万円		
A3	母 3,000万円		

これにより，時価にして母持ち分の評価額はA-3部分で3,000万円とBの持ち分4,500万円で合計7,500万円。ほぼ期待していた売却が可能になったのです。

（3）母と長女居住の敷地を確実に長女が相続するために

さらに今後は母の相続，いわゆる二次相続を考えなければなりません。相続税の節税を考えるというより，財産の分割方法についてです。今回の分筆でAの土地の内，A－2の部分が母の単独持ち分となっています。つまりこの部分は母の相続時には，相続財産として分割協議の対象となる訳です。

しかし，常識的に考えれば，既に母や長女一家が居住している敷地の一部となっているもの。長女や養子であるその夫が相続するのが自然でしょう。他の財産を含め遺言書を作成するという選択肢もありましたが，母親にその気持ちはありませんでした。そこで，母から長女とその夫に相続時精算課税制度を利用して，生前に贈与を行うことにしたのです。幸いにもA－1とA－2の母持ち分の評価額は3,000万円です。長女とその夫に1,500万円ずつの贈与を行えば，生前に母親の分は0になります。そしてこの精算課税においては，初めての制度活用でもあり，両人とも2,500万円の非課税の範囲内に収まります。

　これにより，この段階で自宅敷地については無事にすべてを長女夫婦へ持ち分を移すことができたのです。

図7

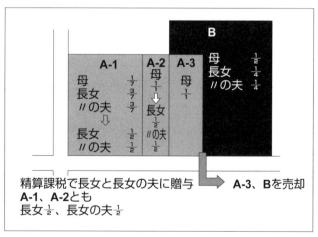

6 売買による解消の問題点

1 売買か贈与か

 とりあえず共有を解消する方法としての売買に,共有持ち分を他の共有者と売買することもあるでしょう。もともと共有という状態は,第三者間よりは親族間の方が多いと想像されます。そうすると,その売買は税務署から見ると要注意の行為なのです。

 なぜならば,親族間の取引は第三者と異なり,純粋な経済合理性だけで価額が算出されないことが多いからです。とりわけ親子間では親は子供のためを思い,経済的には自分が損をしても子供に負担を掛けまいとすることが多いのです。

 そのこと自体は親子間での取引なので自由に進めればいいのですが,税務的に見ると,その売買価額と時価との間に差があれば,その差額分は贈与と見なされてしまいます。もっとも,仮に贈与と見なされても,その価額が110万円以下であれば,非課税枠の範囲なので結果的には問題はないでしょう。それを超える価額の場合には,贈与税が課税されることになりますので注意が必要です。

 ここで面白いのは,贈与というのは高い価額の物を安く売却した時だけとは限らないことです。例えば時価が1,000万円である物を,3,000万円で売買する場合です。一見すると,1,000万円の物を3,000万円で買うことなんてあり得ないようにも思います。しかし,これも親子であればあり得る話でしょう。子の共有持ち分を親が買い取るのに,本来なら親は子に

1,000万円支払えばいいのです。しかし，売買という形態をとることで，親が子に多額の資金を渡すことができるからです。

この場合，時価1,000万円に基づく譲渡税の課税がされた上で，差額の2,000万円には子に贈与税が課されることになります。

いずれにしても，税務署は相手方との関係を注意深く見ています。身内，親族というだけで色眼鏡で見られることを，肝に命じておきましょう。

2 売却先が法人の場合の注意点

共有持ち分の売却先が法人の場合，個人とは異なる扱いがあります。"みなし譲渡"といって，実際の売却価額ではなく，時価で売却したとみなされて譲渡税が課税されることがあるのです。

1で述べたように，時価と売却価額との差がある場合，個人間だと贈与と認定されてしまいます。ただ，その場合でも，実際の売却価額で譲渡税は計算されることになります。ところが，売却先が法人の場合には，時価で譲渡税が課税されてしまうのです。その基準ですが，時価の2分の1未満で売却した場合ということになっています。逆に言えば，時価の2分の1以上であれば，みなし譲渡はなく売買価額での課税となります。このように，売却先が法人の場合には，必ずしも実際の売却価額で譲渡税が計算されない場合があるので注意が必要です。

7 贈与による解消の具体例

　共有を解消するために持ち分を贈与する。これはいたって簡単な手法ではあります。しかし，現実問題として親子間の共有以外での贈与は数が少ないかも知れません。

　次に挙げた事例も，相続時の分割で姉妹間で仕方なく共有になってしまったものなのです。当初よりとりあえず共有の意識が双方に合ったものの，時間をかけて贈与によりそれを解消したものなのです。

1　事案の概要

(1) 土地の状況

　この事例では被相続人である母親の居宅とその敷地180坪が唯一の相続財産です。もちろん，預貯金が0円ではありませんが，説明の便宜上その他の財産については無視をして話を進めたいと思います。

　相続人は長男，長女，次女の3人で，図8のように一筆の土地上に母親と次女の居宅が建っていました。3人は当初より法定相続分に応じ，均等に3分の1ずつの相続にしようと内々で話は進んでいたのです。

図8

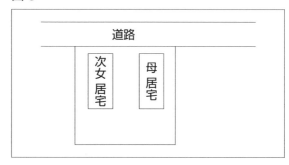

（2）財産分割の方向性

　この土地上に次女の居宅があるため、次女としては居宅の敷地が確保できればそれで十分でした。

　さて、3人のうち長女については特殊な事情がありました。アメリカ人と結婚をしているために、将来にわたってアメリカ暮らし。日本に帰る予定はなかったのです。そのため、財産の分割については、特に具体的な希望もなく他の兄弟に任せるとの意向でした。遠方であるため、分割協議書への署名・押印も相続税の申告書への押印も、当然郵送でのやり取りになります。したがって、実質的な財産の分割は、長男と次女との間で議論されました。

　この土地は整形であるため、縦に3等分することも可能は可能でしたが、長男は相続による土地の取得後、すぐに売却を考えていたため、間口を均等に3等分する分け方ではなく、図9の㋑のように、間口は広く奥行きが短い形を提案してきました。

　これでは残された㋺の土地が使い勝手が悪く、長女と次女と

の区分けも難しいものとなってしまいます。当初次女は反対しましたが、長男は強硬にこの分割案を押し進め、次女も最後は折れる形になってしまいました。というのも、長女とも相談したのですが、長女はもとより分割に興味が無く、次女さえよければどのような形でもこだわらないとの意向。この時点で長女と次女の区分けを考えることもできなかったのです。そのため、㋺の部分は長女と次女の共有ということになってしまいました。

図9

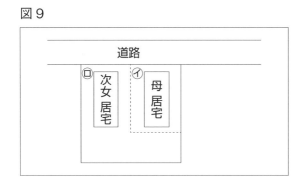

2 共有の解消方法

（1）長女は日本には戻らない

　もはや日本に戻らない長女にとって、日本国内にある不動産に興味がある筈もありません。文字どおり、長女は"とりあえず共有"の状態にはしたものの、何らの将来的な目的もありませんでした。そして1周忌に戻ってきた折りに、次女と将来のことについて姉妹でじっくりと話し合った結果、自分の共有

持ち分を次女にすべて贈与することを決心したのです。

(2) 具体的な贈与方法

長女の持ち分は土地全体180坪の㋺の部分の2分の1です。都心に近いこともあって相続税評価額も約6,000万円を超えていました。さすがに一時期にすべてを贈与するのは税負担が重過ぎます。

そこで，贈与する年分を複数年に分割することとし，対象者を次女，その次女の長女，長男の3人に分けて贈与することになりました。贈与税の最低税率は200万円までが10%です。基礎控除を含め一人310万円まではこの税率ができることになります。

結果，毎年310万円×3人で930万円ずつの贈与を繰り返し，年度によって評価額に若干の変動はあるものの，5年ですべての贈与を完了したのです。

ただ，共有を解消するための贈与ではありましたが，今度は㋺の部分は次女とその子供達の計3人の共有となってしまいました。これでは本来的な意味での問題の解決にはなっていません。しかし，とりあえず現段階での兄弟間での共有は解決し，次代に問題の先送りはできました。また，面積的には当初の共有よりかなり減少したため，場合によっては今後の共有状態の解消は，金銭でのやり取りも可能にはなるでしょう。

8 贈与による解消の問題点

1 両者の関係によって異なる贈与税率

(1) 贈与税の税率には2種類ある

共有持ち分を贈与する場合，その贈与が誰から誰への贈与かという両者の関係によって，実は贈与税率には2種類用意されているのです。

"直系尊属"といって，親や祖父母のような自分と直接血のつながった上の世代から，20歳以上の子や孫が贈与を受ける場合とそれ以外との2種類です。前者の場合，それ以外の場合より若干税率面で優遇されています。具体的には次の表のとおりです。

《贈与税速算表・直系尊族　20歳以上》

贈与税の速算表		
基礎控除後の課税価格	税率	控除額
200万円以下	10%	—
200万円超　400万円以下	15%	10万円
400万円超　600万円以下	20%	30万円
600万円超 1,000万円以下	30%	90万円
1,000万円超 1,500万円以下	40%	190万円
1,500万円超 3,000万円以下	45%	265万円
3,000万円超 4,500万円以下	50%	415万円
4,500万円超	55%	640万円

《贈与税速算表・上記意外》

贈与税の速算表		
基礎控除後の課税価格	税率	控除額
200万円以下	10%	—
200万円超　300万円以下	15%	10万円
300万円超　400万円以下	20%	25万円
400万円超　600万円以下	30%	65万円
600万円超 1,000万円以下	40%	125万円
1,000万円超 1,500万円以下	45%	175万円
1,500万円超 3,000万円以下	50%	250万円
3,000万円超	55%	400万円

(2) 条文の構成と実務の計算

　これらの表は贈与税を計算する場合の"速算表"といわれているもので、文字どおり税額計算が簡便に迅速にできるように工夫されたものなのです。

　というのは、法律の条文にはこのような表が記載されているわけではありません。具体的には、直系尊属・20歳以上の場合で基礎控除額控除後の金額が200万円以下の部分は10％、200万円を超え400万円までの部分が15％…となっているだけなのです。したがって基礎控除額控除後の金額が550万円の場合、この550万円を分解して200万円までの部分、200万円から400万円までの部分、400万円から550万円までの部分の三つに分け、それぞれの税率を乗じて合計することが必要になります。

　しかし、このような何段階もの計算は煩雑で面倒です。そこで適用される税率の内、最も高い税率を除いた部分はあらかじめ計算ができますので用意をしておくのです。この用意をして

既に算出されたものが表の中の"控除額"となっています。

したがって，先程の550万円の例では，400万円超600万円以下に該当するため，20％を乗じ30万円を控除すればいいのです。算式で示せば，

$$550万円 \times 20\% - 30万円 = 80万円$$

で80万円が贈与税額となることがわかると思います。

2 登録免許税・不動産取得税

共有物の分割でも述べたように，贈与の場合も不動産の移転があるため，ここでも登記に際し登録免許税，贈与を原因とする不動産の取得に際し，不動産取得税が課税されます。

贈与の移転登記にかかる登録免許税は，固定資産税評価額の1000分の20の課税が，そして不動産取得税が宅地の場合，固定資産税評価額の2分の1に対し3％の税率で課税されることになりますので，その負担を考慮する必要があります。

3 持ち分を放棄する場合

何らかの事情から共有物の持ち分を放棄することも考えられるでしょう。この持ち分の放棄ですが，単独で所有している場合と共有での場合では，その帰属先が異なるのです。

単独で所有しているものを放棄した場合，それは持ち主がいなくなり，国に帰属することになっています。持ち主が不在で特定できない状態になるためで，仕方がないことなのかもしれ

ません。

　しかし，共有者がいる場合には話は全く別。共有者の一人がその持ち分を放棄すると，その者が死亡して相続人がいない時と同様の扱いで，他の共有者に贈与したものと見なされます。これをみなし贈与といいますが，その結果，他の共有者には贈与税が課されることになるのです。

　また，この場合には贈与による不動産の取得となり，2で述べたと同様の登録免許税及び不動産取得税が課税されることになります。

9 信託による解消の具体例

　信託は今まで述べた共有の解消方法とは一味違った考え方です。本来，信託は共有を解消するための方法ではないからですが，次のようなケースではこれも非常に有効でしょう。

1　事案の概要

(1) 事案を取り巻く親族関係と遺産分割

　この事案の中心人物であるX及びその弟Yは，図10のとおり故人となった祖父Qの孫です。Qの相続にあたっての相続人は長男A，次男B，及び三男Cでした。X及びYはQの長男Aの息子です。

図10

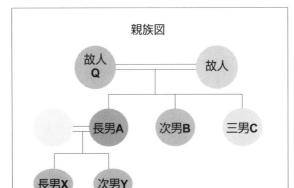

　Qは都内の数か所に個人でテナントビル3棟と賃貸マンシ

ョン2棟を有していました。それらすべての不動産は，A，B及びCの共有の形で相続がなされていたのです。それにはいくつかの理由がありました。まずは長男のAが病弱で，自分では維持・管理が難しかったこと。そして次男Bが生前から積極的にQの業務を補佐していたこと。一方，三男Cは賃貸経営に無関心で，分割協議にも積極的に関与せず，成り行き任せ的な態度であったこと等です。そのため分割協議もBが中心となって進め，金融商品は3人で均等に分割し，不動産はすべてを共有の形にしていました。

（2）Bによる同族法人の設立

その上でBは従来の不動産賃貸業を活性化する目的で法人甲社を設立。まずはすべての建物を簿価売買で個人から法人に売却し，甲社をいわゆる所有型法人の形態にしました。さらに，その内のテナントビル1棟について，土地付きの時価で甲社へ売却したのです。相続税の納税原資が不足していたので，甲社へ土地を当時の時価にて売却。もちろん，甲社には取得資金はないため全額借入れによりまかないました。

これにより，個人の相続税の負担を，実質的に甲社の土地取得代金に転嫁することができました。そのため他の兄弟たちには好評で，この後ますます賃貸経営全般をすべてBに任せる姿勢が鮮明になっていったのです。

ただ，後になって振り返ると，遺産を分割する時点で既にBはこのような状況になることを予測していたのではないかと思われる節がありました。AとCの無関心をよそに，Bは二人には無断で前述の都心にあるテナントビル1棟を売却している

のです。当初は3人の個人の共有でしたが、それをBを中心とする同族法人甲社を設立してその法人に移転させ、その代表権を取得しています。本来は3人の共有であるため、原則として全員の合意が必要ですし、売買するのであれば契約に際し、全員の署名・押印が必要になります。しかし、甲社に移転させた上でBが代表者になれば、B単独での判断で何でもできることになるからです。外部へ売却したこと自体は事後に他の2人にも報告をしたものの、事前に金額的な相談も何もなかったそうです。株式こそ3人で均等に保有していたものの、AもCもモノ言わぬ株主です。甲社はBが一人で何でも決められる会社なのです。それを見越しての共有だったのではないだろうかと思われても不思議ではありません。

(3) 不審の芽生え

何よりの証拠に、Bは毎期の決算内容を他の兄弟に開示をしたこともなく、毎月定額の給与をAとCに振り込んでくるだけなのです。それに対しAもCも何ら異を唱えることなく、何年もの時が経過していたといいます。

さて、Aも高齢になり自らの行く末を考え始めていました。A自身の生活は甲社からの毎月の給与で何らの心配はありませんでした。ただ、将来のことを自らの子であるXやYに話していく中で、甲社の内容を聞かれたときのこと。あまりにも実弟のB任せで、何も知らされていないことを子供たちに責められてしまいました。

とりわけ都心のテナントビル売却については、相当に多額の売却益が想定されましたが、その後AやCの役員報酬が増えた

わけでもなく，売却後に何らの見返りがないことにXもYも不信感を募らせたのです。父親であるAに事態の改善や解明を進言しましたが，Aは兄弟仲が険悪になることを恐れ動こうとはしません。ただ，B任せであったことに自らも反省するところがあったのでしょう。Aが自ら実弟のBに交渉や話し合いはしないものの，すべてをXとYに任せるとのこととし，今後はXとYが直接Bと対峙することになったのです。

2 共有の具体的解決法

(1) 交渉の行方

XとYにとってBは叔父にあたります。年齢も親子ほど離れた相手なのです。父親に代わって子である二人が不動産の運営状況を教えてくれといっても，自分を疑っているのかと怒り出す始末。決算書も申告書も開示してくれず，文字どおり子ども扱いで取り付く島もありませんでした。

法的な話になれば，Aは甲社の株主でもあり**帳簿閲覧権**もあることは言うまでもありません。Aからの委任であれば，XもYもそれは可能です。しかし，彼らは父親の意向もありBと法律論を戦わす気もなかったのです。法的な権利行使によることなく，あくまでも円満に従来の人間関係を壊すことなく話を進めたかった，というのが本心でした。

(2) 信託の活用

そこでXとYはAが高齢で今後は不動産の管理いっさいを子であるXとYに委ねたいと思っていること，財産すべてについ

て相続を見据えて遺言書を作成したいと考えていること等をBに伝えました。

父親から全てを任されたとなれば、XもYも自分達に責任が生じます。それを叔父であるBに理解させる方法として、信託という手法を用いたのです。具体的には、Aが所有するすべての不動産及び甲社株式に付き、Aを委託者かつ受益者、XとYを受託者とする信託契約を締結しました。

> **Keyword**
> ### 帳簿閲覧権
>
> 株式会社は会社法において、会計帳簿を作成し帳簿の閉鎖時から10年間は保存しなければならないことになっています。その帳簿等を会社の営業時間内であればいつでも閲覧できる権利です。ただし、それができるのは、発行済み株式総数又は資本の100分の3以上の株式又は出資口数を持つ者に限られています。
>
> なお、株主一人では100分の3以上の株式を有していない場合でも、複数の株主が共同して合計がそれ以上になれば、閲覧権は行使できるとされています。
>
> また、会社に対し閲覧を請求する場合、その請求する理由を具体的に明らかにしなければならないことになっています。例えば、「○年○月○日の決算において計上されている○○項目の金額○○円は、不当に高額であるから、その内容及び発生理由について調査するため」といった具合です。
>
> 閲覧できる帳簿の範囲ですが、総勘定元帳、現金出納帳、会計伝票等は明らかにその範囲内とされていますが、法人税確定申告書や契約書類綴り等はその範囲から外れるという意見もあるようです。

不動産については，**大規模修繕**を含むすべての維持・管理から始まり，売却処分に係る決定権までを信託契約に盛り込みました。ありとあらゆる権限をXとYに委ねたわけで，不動産からあがる収益だけがAに帰属はするものの，すべての判断がXとY単独で可能となったのです。また，株式についても配当を受ける権利こそAに留保されているものの，株主としての意思決定はXとYができることになりました。

（3）信託契約の効果

　XとYはAとの信託契約を締結し，それを公正証書にした上でその旨をBに話しました。父親であるAはとにかく高齢でこの先の判断が困難になることが，息子としては何より心配だという説明を添えて。法律論を戦わせるのではなく，そんな状況であるため信託契約書のコピーも叔父に渡しました。この状況をBも理解したのか，はたまたXとYが本気であると悟ったのか，真相はわかりません。ただ，信託契約がどういうものであるかは，Bも多分初めはわからなかったのでしょう。その場では穏やかな対応だけで，特段の変化はありませんでした。しかし，その後弁護士や税理士に相談したのでしょう。XとYが契約の範囲内では従前のA本人と全く同一の権限を有することだ

Keyword
大規模修繕

　金額的に多額であったり、工事の期間が長期にわたる等の通常の簡易な修繕ではない文字どおり大規模な修繕のこと。建物全体の塗装や大幅な間取りの変更、増改築等の修繕がその例。

けは理解ができたようです。

(4) XとYの最終目標

そしてこれを機に，Bは決算書や申告書の開示に始まり，賃貸事業の運営全般についてXやYに事前相談と言えるほどではないにせよ，情報の提供をしてくれるようにはなりました。ただ，それがBの本意ではないことは，その態度から見て取れたのですが。

もちろん，そのことはXもYも当初から予測はできたことではありました。そして二人ともが今後もこの形式でBにとってやりにくい形で経営を進めていけるとは考えていなかったのです。法形式的にはともかく，信託契約の締結で表面的にはBも協力してくれてはいますが，この状態の継続には疑心暗鬼であったに違いありません。

そこで，頃合を見計らってXとYはBに相談を持ちかけたのです。Aが所有している甲社の株式を買い上げてくれないか，との相談です。Bに今後のことはすべて任せたい。それにはこの段階でAの議決権をすべてBに譲り，名実ともにBが甲社を差配できることが最善の解決策なのです。それは双方にとって，最も円満な共有の解決策にもなります。このことは当初からわかっていたことではありました。しかし，"信託"という合法的かつ円満な形で共有者の権利を主張し，実際の経営を共に行って初めてその結論に達することができたのです。単純に株式の売買を当初から持ちだせば，税務上の問題はあるにせよ価格交渉は困難を極めたであろうことは，想像に難くありません。

現在，円満に彼らの価格交渉は進展しています。そして，資金繰りの問題さえ解決できれば，ＢはいずれＣにも株式の買い取りを持ちだすでしょう。同族会社の持ち株を共有することほど，問題を複雑にし相互の不信感を募らせる状態はないのです。

10 信託による解消の問題点

1 損益通算と信託の注意点

個人に係る所得税という税法ですが,言うまでもなくいわゆる儲けの部分の所得に対して課税されます。この計算の第一段階として,10種類ある所得の種類を確定し,それぞれの所得金額を算出するのです。その所得の種類ですが,代表的なものとして給与所得,不動産所得,事業所得,利子所得,配当所得等があります。

分離課税として別計算するものを除き,これらの所得を合計するのですが,その際に所得によってはプラスの所得とマイナスの所得とを通算することができます。このことを"損益通算"といいます。

例えば,給与所得が1,000万円ある一方,家賃収入等から得られた不動産所得が赤字の300万円の場合,損益通算を行って所得の合計は700万円と計算するわけです。ここでもし,不動産所得の金額が赤字の1,500万円であれば,給与所得の1,000万円と損益通算を行っても,なお赤字が500万円残ります。この赤字は青色申告をしていれば,なお3年間の繰り越しは可能です。それはともかく,不動産所得や事業所得,山林所得,譲渡所得の赤字はこの損益通算が可能なのです。

```
不動産所得と損益通算

通常の損益通算
  給 与 所 得    1,000万円  ┐ 損益通算で
  不動産所得    △300万円   ┘ 所得合計700万円

不動産所得が青色申告なら
  給 与 所 得    1,000万円  ┐ 損益通算で
  不動産所得    1,500万円   ┘ 所得合計 0
                              ↓
                    △500万円は
                    3年間の繰越可
```

　ここで注意すべきは，収益を生むようなアパートや賃貸マンションを信託する場合です。信託の大前提として，贈与税等の課税が生じないように，個人所有の賃貸物件について，自己を受益者として信託したとします。委託者と受益者が同一なので，そこからあがる収益については個人が不動産所得として申告することになります。ここで，説明の便宜上この個人の不動産所得が信託に係るものだけだとしましょう。前述の例のように，給与所得が1,000万円，不動産所得が赤字の300万円になった場合，この赤字は給与所得との通算はできません。信託の場合，この損失はなかったものとされてしまうからです。

　さらに信託は契約ごとに計算をすることになりますが，信託契約Xが黒字の1,000万円，信託契約Yが赤字の300万円の場合でも，信託全体で通算して700万円とすることはできません。こういう場合には，信託契約をXとYを統合して一つの信託契約にしておけば，契約全体としては700万円の黒字と

いう計算ができることになります。

いずれにしても，信託をするのに赤字になる可能性があるのなら，有利な結果とはなりませんので，十分な注意が必要です。

信託物件の赤字と損益通算

給　与所得　　　1,000万円 ┐ 所得合計
不動産所得　　 △300万円 ┘ 1,000万円
（信託物件のみ）

損失はないものとする

信託契約Xの物件 1,000万円 ┐ 信託の間でも
信託契約Yの物件 △300万円 ┘ 通算不可

XもYも同一の信託契約なら
　　　　　　　　　　通算できて 700万円

⬇

いずれにしても、信託するなら赤字は不利！

2　信託受益権を売買すれば

信託を行う場合，通常は委託者と受益者は同一であることが前提であることは既に述べました。委託者は信頼できる者に業務を委託し，それを受けた受託者は責任を持って業務を遂行することになります。

（1）自己信託という発想

ここで，発想を変えて"自己信託"についてお話ししたいと思います。これは読んで字の如く，自己信託とは自分が自分に

信託をすることです。それは一体どんな意味があるのでしょうか。結論を先にお話しておきましょう。実質的な所有権を売却するためです。

どういうことかというと、まずは「委託者＝受益者＝受託者」という信託契約を締結します。その上で、受益者の立場を売却することで、そこから上がる収益を他に移転させることができるのです。

（2）所有型法人の考え方

不動産の賃貸物件を例に考えてみましょう。個人で賃貸マンションを所有しているとします。収益性が高く、そのために所得税も高額で負担が重い場合を想定してください。この場合、建物だけを法人に売却する方法はご存じの方も多いのではないでしょうか。これによって収益はすべて法人に帰属するでしょう。

その上で、親族をその会社の役員にして役員報酬を支払うのです。すると、今まではすべての収益を一人の不動産所得として課税されていたものが、複数の親族に役員報酬という給与に分散されることになります。所得が分散されるために、その結果として各人の所得税の累進税率は緩和されることになるでしょう。

さらに、本来は例えば父親一人に帰属していた賃貸収益からの蓄財が、生前にしかも合法的に妻や子という親族の財産にさせることまでできてしまうのです。

なお、ここで個人所有の建物を法人に売価する場合、原則的には未償却残高である帳簿価格で行います。売買価額と原価で

ある帳簿価格が同一なため，譲渡益が生じることなく，譲渡税の課税を回避できるためです。

また，税務上，この手の売買は"時価"で行うことが要求されます。時価以外での売買も可能ではありますが，その場合には法人に対しての受贈益課税や，個人に一時所得という所得税が課税されることになってしまいます。

(3) 所有型法人の応用

新規の賃貸物件を法人名義で建築する場合，その時点で不動産取得税や登録免許税といった税金が課税されます。その負担をやむなしとしても，既存の個人所有の賃貸物件を所有型法人に売却すると，そこでまた不動産取得税，登録免許税という税金が再び課税されることになります。従来の個人所有から法人所有へと建物オーナーが変わったため，売却による譲渡税は課税されなくても，これらの課税は避けることはできません。

そこで所有型法人への売却の応用編として，信託による建物の移転を考えることにしましょう。

(4) 信託受益権売買

実はここまでがこのテーマの前置きで，ここで話は自己信託に戻ります。自分で自分に信託をした自己信託ですが，もう一度簡単に復習しておきましょう。自己信託は，「委託者＝受託者＝受益者」でした。この三者の内，受益者の権利部分を信託受益権といいますが，これを個人から法人へ売却するのです。受益者の権利ですので，賃貸物件の収益が受益権を取得した者に移転します。これは結局建物本体を物理的に売却したこと

と，収益的には何ら変わりはありません。

　つまり，建物売買と同じ効果が得られるわけです。しかし，売却したのは不動産ではなく，信託受益権です。したがって，不動産取得税は課税されません。この不動産取得税ですが，固定資産税評価額の3％がその税負担額です。仮に評価額が1億円の建物の場合，これだけで300万円もの税負担ですが，信託の場合は0円。さらには登記をする場合の登録免許税も，不動産の場合は固定資産税評価額の2％が信託受益権の売買であれば，信託受益権の僅か0.4％で済んでしまいます。同じく建物評価額が1億円であれば，1.6％相当額の160万円の節税になるわけです。

　信託契約の内容によって若干の相違はあるものの，建物売買とほぼ同じ効果が得られ，しかもこれら諸税の軽減にもつながる信託受益権売買です。一考の価値のある対策になり得るものでしょう。

第3章

共有非上場株式の五つの基本的解決策

株式の共有

　第3章，第4章では，株式が共有の場合について考えてみます。なお，換金が比較的容易で金融資産として考えることができる上場株式ではなく，非上場株式の共有について取り上げます。

　株式の共有状態を考えるにあたっては，大きく二つに分けて整理する必要があります。一つ目は文字どおり株式そのものが共有であるということ，二つ目は株式そのものは共有ではないものの，会社の株主が複数人いる場合です。これは会社という組織体を複数人で所有しているということなので，間接的な共有状態といえるでしょう。

　非上場株式の共有の問題点は，どちらかというと二つ目の状況のことであり，これをどのように解消するのかを考えることが肝であるといえます。

　第3章では，基本的な解消方法として，①共有物分割②売買③贈与④会社分割⑤信託の五つを紹介します。不動産では，「交換」を解説しましたが，通常，非上場株式は共有整理のための交換はしませんし，そもそも所得税法では交換の特例の対象外となっていますので，ここでは割愛します（企業組織再編に伴う株式交換はこれとは別のものです）。

その後，第4章で具体事例を挙げてその内容を見ていくことにします。

　また，株式の所有・承継の仕方として種類株式を活用する方法や，事業承継税制を利用して相続・贈与時の税負担を軽減する方法などがありますが，これ自体は株式の共有を解消することではないことから詳細は省くことにします。

<第3章>

- 1 共有物分割による非上場株式の共有解消 p94
- 2 売買による非上場株式の共有解消 p96
- 3 贈与による非上場株式の共有解消 p99
- 4 会社分割を活用した非上場株式の共有解消 p101
- 5 信託を活用した非上場株式の共有解消 p104

<第4章>

- 1 売買で非上場株式の共有を解消した事例 p108
- 2 生前贈与で非上場株式の共有を解消した事例 p123
- 3 会社分割を用いて非上場株式の共有を解消した事例 p135
- 4 信託を活用して非上場株式の共有を解消した事例 p138

1 共有物分割による非上場株式の共有解消

　まずは，株式そのものが共有されている場合，つまり1株を複数人で所有している場合について考えてみましょう。

　そもそも株式そのものが共有にあるということは，おそらく相続が発生したことが原因と考えられます。株式そのものは1株ずつ分けることができることからすれば，わざわざ株式を共有状態にしておくことを望む人はまずいないからです。そのため，相続時にとりあえず共有で相続してしまったか，もしくは相続に絡んで共有状態となってしまったことが考えられます。

　株式についても不動産と同じように共有物分割を行うことができます（遺産未分割の株式は，あくまで遺産分割の中で調整することになりますので，共有物分割とはなりません。ただし，遺留分減殺請求の行使に伴い所有持分の共有物分割請求などをするときなどは該当します）。

　例えば，1,000株の株式を二人で2分の1ずつ共有しているのであれば，500株ずつに分けるという具合です。株式は，原則として1株当たりの価額は全て同じであるため，この場合は持分に応じた株式数で分ければいいことになります。

　ただし，共有物分割をするにあたって，1株未満の端数が生じてしまうような持分を持っている場合には，共有物分割をすることができないとする最高裁判決（平成12年7月11日）があるので注意を要します。つまり，2人で1,000株の株式を3分の1と3分の2の割合で共有している状況があったとします。この場合，分割するにあたり端数が生じてしまうことから，このままでは株式を現物分割することができないことにな

ります。そのため，この場合には株式数を調整する必要があり，株式分割などを行うなどして割り切れる株式数にする必要があるでしょう。

また，共有株式については特有の問題が生じることがあります。そのため，権利関係を整理すること以外にも，どのような問題が生じるのか理解をしておく必要があるでしょう。これについては第4章で詳しく述べますが，一番の問題は誰が議決権行使をするのかということです。

共有株式の議決権行使は共有者が単独で行うことはできず，原則として議決権行使をする人を共有者のうちから1人定める必要があります。つまり，相続人間の仲が悪いと誰を代表として権利行使するかを決めることができなくなり，結果としてその株式は議決権を持たないことと同じ状況になってしまう恐れがあるのです。そのため，株式そのものの共有はとても厄介な代物といえます。

2 売買による非上場株式の共有解消

　過去の相続などで，株主が複数人に分散されている会社も多いことでしょう。従前の税理士が提案する事業承継対策といえば，株価対策を行うことが主目的でした。そのため，株式をどれだけ低く評価できるようにするのかが最も重要な課題でした。その目的のために，株式を親族間でわざと分散所有させるような相続承継を行ってきたケースが多々あります。

　分散承継をすると，なぜ株価対策になるのかということですが，それは株式の評価方法に原因があります。

　相続時の会社の株価は，国税庁が定めた**財産評価基本通達**というルールに従って計算することになります。このルールの内容は次のような取扱いとなっています。

Keyword 財産評価基本通達

　相続税や贈与税の計算をするには、各財産の価額を算定する必要があります。ただし、相続税法には財産の価額は取得の時における時価とするとしか定められておらず、算定方法が定められておりません。

　そこで、行政機関である国税庁が具体的なルールを別途定めており、これを財産評価基本通達といいます。

　土地建物の評価はもちろん、株式の評価など様々な財産について詳細な評価方法が定められており、実務的にはこのルールを用いて相続財産などの評価を行っています。そのため、税務上の財産評価にあたってのバイブルといえます。

> ① 原則評価…会社の業績と純資産額を勘案して評価する。
> ② 例外評価…一定の株主は配当還元価額で評価する。
> ⇒持株数などに応じて，①又は②のいずれで評価するかを決定する。

　ほとんどの場合で②の例外である**配当還元価額**による株価は，原則評価額に比べて何十分の1，ケースによっては何百分の1と，とても低い金額が計算されることになります。そのため，例外の評価ができる人をできるだけ活用して相続税の負担を軽減しようと考えたのです。

　それでは，②が利用できる一定の株主とは誰なのでしょう。それは，簡単にいえば会社の社長からみると甥や姪，又はそれ以上の遠縁にあたる人で，かつ，会社の役員でもなく5%未満の株式を所有するケースです。そのため，株主構成をみて，4.9%の株式だけ保有している人が複数人いる会社が存在する

Keyword

配当還元価額

　財産評価基本通達では、非上場株式の評価方法を会社に対する支配力・影響力の多寡により分けて定めています。会社に対する影響が大きい株主は会社の業績や純資産価額を指標に評価することとし、反対に影響が少ない株主は、配当をもらう権利が主と考えて配当金額を基に評価します。

　配当還元価額は、1年間の配当金額が10%の利率（利回り）であることを基本として評価します。つまり、年配当率が10%の会社の場合は配当還元価額による評価額はいわゆる旧額面相当と同額になります。また、年配当率が20%の会社の場合は旧額面相当の2倍が評価額になります。

とすれば、それは上記の事業承継対策を実行したものと考えられます。

しかしながら、上場もしてない大半の中小会社の運営、意思決定を考えれば、会社の経営者は1人であり、その人が大部分の株式数を所有すべきなのです。そのため、会社を引き継いだ承継者はこのような少数株主、ましてや時の経過とともに疎遠になっていく親戚が保有する株式が多数あるとすれば、できるだけ早く整理をしたいと思うはずです。

そして、株式が分散してしまった状況を解消し、集約したいと考えるようになるでしょう。このような時には、株式を売買によって取得して整理することが最も単純で効果のある方法といえます。

なお、売買は時価で行う必要がありますので、相続税評価額をそのまま利用することは理論的にはできません。しかしながら、個人間売買を相続税評価額によって行ったとしても、贈与税の課税関係が実質的に生じることはありません。そのため、財産評価基本通達によって算出した相続税評価額を利用することで実務上は差し支えないでしょう。

3 贈与による非上場株式の共有解消

　当事者間で対立関係がなく合意ができるのであれば，金銭的負担をかけないで整理することができる株式贈与を選択する方法もよいでしょう。

　贈与による場合，売買とは異なり株式の対価を用意する必要が生じないという利点があります。ただし，株価次第によっては贈与税が発生する可能性が出てきますので，まずは1株当たりの株式評価額を知ることが先決となります。

　贈与時の会社の株価は，売買の時に説明をした評価と同じ方法で計算したものになります。つまり，財産評価基本通達によって計算された相続税評価額を用いることになります。

　株式を売買によって，つまり金銭で整理するときとは異なり，贈与を選択するということは，贈与者は株式の対価を得る目的は無いということです。そのため，贈与を行うときは会社の株価はできるだけ低いほうが良いといえるでしょう。なぜなら株価が高ければ贈与税が多額に生じてしまう可能性があるからです。そうすると，贈与はできるだけ低い株価の時に行う方が望ましいことになるため，株価をいかに低く抑えることができるかという視点から株価対策を検討する必要があります。

　相続税評価額は，前述のとおり，原則評価では，①会社の業績による評価と②純資産額による評価を勘案して計算することになっています。

　まず，①会社の業績による評価とは正式には「類似業種比準価額」という評価額のことをいいます。これは，その会社の「配当」「利益」「法人税法上の純資産額」の三つの要素を用い

て判定します。具体的には，国税庁が同業種の上場企業を選定して平均した上記三つの指標と株価の数値を月ごとに公表しています。

そこで，評価対象会社の三つの数値と，同業種の国税庁公表数値とを比べて，数値が高ければ国税庁公表株価より高い評価額とし，逆に低ければ低い評価額として計算するのです。

次に，②純資産額による評価とは，正式には「純資産価額」といい，文字どおり評価対象会社の（時価）純資産額によって評価する方法です。

なお，ここで使用する純資産額は，あくまで税務上の評価額であり，会社が所有する財産債務を相続税評価額によって評価した価額を用いて計算することになります。したがって，不動産を所有している会社であれば，土地は路線価，建物は固定資産税評価額をベースに評価することができるため，一般的な時価に比べれば低い評価額が計算されることになります。ただし，評価時期前3年以内に取得した土地や建物については，相続税評価額ではなく時価相当額で評価する必要があります。そのため，実務的には不動産取得から3年以内は不動産の取得によって株価を引き下げる効果は期待できません。

これら①類似業種比準価額と，②純資産価額によって会社の株価を算定することになりますので，この数値を下げることができれば株価は低く算定されることになります。そこで，会社は配当を抑え，損失を計上して赤字決算を組むことができれば，おのずと純資産価額も減少し，結果として株価は引き下げられることでしょう。

4 会社分割を活用した非上場株式の共有解消

株式の分散というものは、相続を起点として発生し、いってみれば会社が共有状態になってしまうということが最も多い原因だと思われます。

当初は、社長1人で株式を所有しているか、または社長と配偶者で所有しているような状況がほとんどでしょう。ところが、社長に相続が発生すると、その子たちは兄弟姉妹は均等に相続するのが良いという考えのもと、株式を子ども達で均等相続してしまうようなケースが往々に生じます。これにより、会社は兄弟姉妹間で所有されるかたちとなります。

そして、いつの時点か、ある程度の時を経過すると、会社の経営に関心がない人や、経営方針に不満がある人などは、株式の買取りを望む気持ちが芽生えてきます。そして、結局は株式の売買を行って共有状態を解消することになるのです。このようなことから、会社を複数人の株主で所有するのでなく、例えばあらかじめ二つに分けて、承継させることを考えるのも一つでしょう。

現在の会社が、製造販売業であるなら製造部門と販売部門に会社を切り分けることや、不動産賃貸業で複数物件を所有しているのであれば、物件ごとに会社を分けることが考えられます。このようなときには、会社分割という制度を利用することができます。

相続が発生する前の段階において会社分割を用いて、例えば会社をA社とB社の二つに分けておけば、相続発生時にはA社は長男に、B社は次男にとそれぞれ分けて承継させることが

できます。つまり、会社を共有状態にさせない、そのような状況を作らせないことができます。

ここでの会社の分け方としては、図1のように会社を並列に分けるようなイメージであり、税務上はこれを「分割型分割による会社分割」といいます。

図1　分割型分割による会社分割

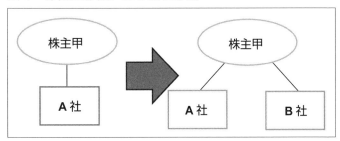

なお、この会社分割という手法を用いる場合には、あらかじめ相続発生前に行っておくことがとても重要なポイントです。会社分割は、法人税法で定める組織再編税制のルールが適用されることになっています。ここでは詳述しませんが、税務実務上のことを考えると、会社分割後の株主構成は会社分割前と分割後で変更が生じないように行うことになります。

そのため、従前の会社を、A社とB社の二つに分けることを、相続発生前に行えば、図1のとおり相続時には2社を相続人が分けてそれぞれ承継することが可能となります。しかしながら、相続発生後の会社分割では図2のとおり、これだけでは株式整理にはなりません。解消するためには乙丙は別途株式の相互売買などを実行する必要があり、余計な手間や税金が

発生してしまうことになるのです。

図2　相続発生後

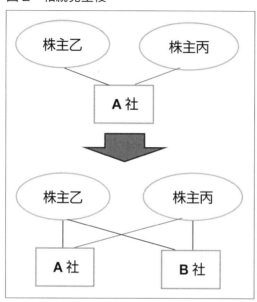

つまり、会社分割後に乙がA社を引継ぐのであれば、乙は丙のA社株を、丙は乙のB社株を、それぞれ売買などで整理する必要が生じます。すでに複数株主がいる場合には、税務上は会社分割だけで整理を行うことはできませんが、売買や贈与などと組み合わせることにより、会社を分けて承継する方向での解消が可能となります。

5 信託を活用した非上場株式の共有解消

　信託の活用は，株式自体の共有や，会社の共有状態そのものを解消するようなものではありません。なぜなら，信託は財産をどのように管理・運用していくかということであり，共有を解消するために所有権の整理を行うことが目的ではないからです。しかしながら，信託を活用することにより，実質共有状態であったとしても，そのリスクをかなり抑えることができるのです。

　株式を信託することによる大きな特徴は，株主として議決権を行使する権利と，配当を受け取ることができる権利の，この二つを分けることができるということにあります。これは他の制度にはない大きな特徴でしょう。会社の株式は種類株式を活用することにより，その権利を制限することは可能です。ただし，あくまで株式を所有するのは本人です。

　これに対し，信託では委託者，受託者，受益者の三人が登場します。そして，この三人のうち実際に財産を所有して管理・運営する人は受託者となります。株式が共有でも，株主が複数人いたとしても，信託をすることにより株式を実際に所有するのは受託者になるのです。この場合，信託によって税負担が生じないように，元々の株式所有者は委託者兼受益者となり，受託者が複数の株式を所有して管理することになります。つまり，株式の管理を一つにまとめることができるのです。

　信託後は，株式の管理をする受託者は信託目的に従って議決権を行使し，委託者兼受益者は配当等の利益の分配を受けるだけとなります。議決権行使はあくまで所有者となった受託者が

行いますので，議決権が分散されるようなことを避けることができます。

　また，信託契約の中に議決権行使の**指図権者**を定めることで，議決権行使者を別の人にすることもできます。指図権者が定められていると議決権行使は受託者ではなくこの指図権者の指示で行うことになります。これによって，受託者とは別の人が議決権行使の判断を行いたい場合に活用することになるでしょう。

　このように，信託を用いることにより，分散した株式の議決権を集約することができるようになります。その後，信託財産である株式を売却するなどして換価する機会があれば，その時点で名実ともに株式の共有を解消することができるでしょう。

Keyword　指図権者

　信託で必ず登場しなければならない人物は委託者・受託者・受益者の3名ですが、それ以外にも登場人物を増やすこともできます。

　信託契約では、あらかじめ契約において信託財産の管理又は処分の方法について指図をする権利を有する者を定めることができます。そして、その指図の権限の委託を受けた者を指図権者といいます。

　指図権者が定められている場合には、受託者による信託財産の事務は指図権者の指示により行うことになります。

　例えば、株式の議決権行使は指図権者の指示により行うことなどが考えられます。

第4章

非上場株式の共有の解消事例

1 売買で非上場株式の共有を解消した事例

1 弟の株式を取得した事例

(1) 会社の状況

甲は，金属加工販売業の株式会社A社の創業者であり，会社の株式を100％所有する株主でもありました。甲には長男乙と次男丙がおり，甲はすでに一線を退き，会社の経営は2人にまかせていました。そして，2人の兄弟は仲良くこの会社で社長と専務として働いていました。

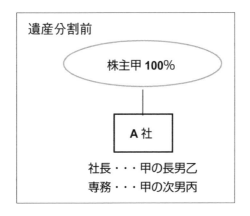

あるとき，甲に相続が発生し，A社の株式をどのように相続するのがよいかということで相談に見えました。実は甲は遺言を残していなかったため遺産分割協議を行う必要があったのです。

現在は2人とも仲が良いとしても，今後経営方針をめぐって対立することも考えられます。そのため，株式をそれぞれが

均等に相続した場合には禍根を残す可能性があることから，A社株式は兄弟のうちいずれかが相続承継することが本来は望ましい姿であることを助言しました。

（2）株式の承継

相続が発生した時のA社の状況ですが，すでに本業の業績は芳しくないようでした。ただ，都内の地価の高い場所に本社屋があったため，含み益により会社の株価は相当に高額となっていました。

このような中，甲の相続発生後は会社の廃業も視野に入れており，立地の良い本社屋はその場所を生かすべく，取り壊してマンションを建築する計画も考えていたようです。ただ，マンション建築の手法も借入れで行う方法や等価交換による方法など様々なことが考えられたため，まだ計画段階にとどまっていました。

結局は株価が高額なこともあり，どちらがA社を引き継ぐのかを決めることができず，長男乙と次男丙はA社の株式を仲良く50％ずつ均等に相続承継することを選択し，遺産分割協議を行うことになりました。結論を先送りにして，「とりあえず共有」を選択したのです。これにより，株式は分散所有することになってしまいましたが，遺産分割協議も済みましたので相続税の申告を申告期限内に無事に終了させました。

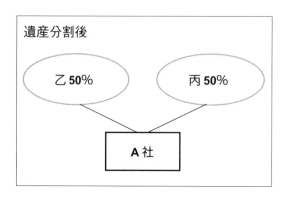

(3) 株式の整理を行うことに

数年後に乙と丙の兄弟がまた相談に訪れることになりました。

甲の相続後，廃業を前提として，マンションの建築計画をいろいろと検討したのですが，兄弟2人が共に満足するものはなかったため，結局は本社屋を売却する方向となったということです。そこで，本社屋売却に伴う税負担の軽減とともに，この機会に兄弟間における株式共有の解消を行うためのアドバイスを行いました。

本社屋売却によって計上されるA社の利益については，従業員の退職金，在庫処分損などである程度の損失を計上して法人税の圧縮を図ることにしました。

そして，兄弟間における株式共有の解消については，話し合いの結果，長男乙がA社を引き継ぎ，売却資金などを用いて不動産賃貸業として会社経営を継続することになりました。そのためには，長男乙は次男丙からA社の株式を買い取る必要があります。先ほどの廃業にあたっての損失や，役員である乙

丙の退職に伴う退職金支給などを駆使してA社の株価を引き下げるとともに、乙が丙から買い取る株式購入代金の手当ても行いました。なお、乙はA社を退職することになりますので、新しい役員は乙の配偶者や子を就任させることで対応することになりました。

このケースでは資金面の手当てが何とかできたため共有株式の整理を行うことができました。しかしながら、税負担を考えれば相続後に共有株式の整理を行うことは余計な手間やお金がかかります。やはり同族会社の株式は集中が鉄則です。

2　自己株式の取得を活用した事例

(1) 事案の概要

被相続人が所有していたB社の株式は、相続によって兄弟3名がそれぞれ所有することになりました。所有株式数には差異がありましたが、B社は一番多くの株式を相続した長男が代表取締役社長として今後経営を行っていくことになりました。

ただ、他の兄弟は経営には一切関与するつもりはありませんでした。なぜなら、あくまでB社の株式は、遺産分割の際に相続財産額の調整としてやむを得ず相続したものであり、B社の経営には興味がなかったからです。

B社は社歴も長く潤沢な余裕資金と内部留保があったことから、実は、次男、三男は相続した株式を会社に売却して資金化することを考えていました。長男としても、たとえ会社が兄弟から株式を購入したとしても、会社の経営に大きな問題は生じないと認識しており、株式を購入することを前提に遺産分割を

行ったという状況です。

（2）自己株式の取得

　このケースでは，被相続人の金融資産は限られていましたが，B社には潤沢な余裕資金がありました。どちらかというと個人ではなく会社に資金を蓄えていたケースです。そのため，長男以外の相続人は株式を相続するものの，その株式を売却して換金することを目的としていました。

　旧商法時代は，会社で自己株式を取得することは禁止されていましたが，現在は会社の分配可能額の範囲内であれば自己株式を取得することが可能です。分配可能額の計算方法は，会社法で詳細に定められてはいますが，通常の中小企業であれば，一般的には次の金額になります。

分配可能額＝その他資本剰余金＋その他利益剰余金－自己株式

　上記算式の見方を変えれば，会社の純資産から，資本金と資本準備金・利益準備金の合計額を控除したものが分配可能額といえます。自己株式はこの分配可能額の範囲であれば取得することができますので，会社の純資産が多ければ買取り可能な範囲にも余裕があります。

　今回のB社株式は，会社を引き継ぐ長男以外の兄弟もいったんは株式を相続するものの，その後すぐに自己株式として売却を行います。会社の共有状態が長引くことがないように，このような場合には遺産分割協議とあわせてできるだけ早く株式の売買を行うことがよいでしょう。また早く売買をすることによって，税務上も有利な取扱いが用意されています。

（3）自己株式取得時の税務上の特例

株式を発行会社に売却すること，つまり会社からすれば自己株式の取得をする場合の税務上の取扱いは次のようになります。

❶ 原則的な取扱い

自己株式の対価は，税務上は投資した株式の払戻しと考えて計算します。

一見，考え方や計算方法が難しそうに感じますが，会社から配当金の支払いを受けた時と同じようなものと考えて整理すれば，理解しやすいと思います。

自己株式の対価であったとしても，株主の立場からすれば会社から金銭の支給を受けるという点に大きな違いはありません。

つまり，会社からの金銭支給なのですから，株主として受け取るものの性格は当然に配当金であると考えればいいのです。ただ，自己株式の売却という行為のため，その配当金にプラスして株式そのものの出資払戻金相当も追加されたものになっているのです。

そこで，税務上の取扱いでは売却代金を出資払戻金相当と配当金に分けて計算することになるのです。

計算方法は，まず出資払戻金相当を求めます。この部分はいってみれば株式の代価ですので譲渡所得になる部分です。この計算は会社側で行いますので，この出資返戻金部分は株式数に応じた会社の資本金等の金額を用います。計算例では，資本金等500円と記載されている箇所でありこれが譲渡所得の対価となります。

そして、残りの金額は配当金とするのです。計算例では買取価額が1000円ですので、全体の1000円から先ほどの500円を差し引いた残り500円、こちらは配当所得として税金計算をするのです。

このように、1株当たり買取価額のうち、資本金等の額を超える金額は配当として計算されるのです。

計算例
・買取価額 1,000円
・会社の資本金等 500円
・株式の取得価額 500円
（会社の資本金等は、通常は出資金額と同額となることが多いため、資本金等＝取得価額とします）

∴配当所得
　1,000円－500円＝500円
∴譲渡所得
　500円－500円＝0円

この場合、株式を売却したことによる譲渡所得は0円であり、利益である500円はすべて配当所得として所得税が課税されることになります。この配当所得が生じるということが課税上においては大きなリスクとなります。

ご存知のとおり、上場株式等の譲渡による所得の税率は20.315％（所得税及び住民税の合計額、以下税率について同じ）です。これに対し、非上場株式に対する配当所得の税率は、給与所得などと同じく累進税率が適用されて計算されます。

つまり、所得が1,800万円を超えると50.84％となり、

4,000万円を超えると最高税率の55.945％となります。したがって、自己株式による売買が多額に上る場合には、その配当所得も大きくなるでしょうから、税負担が多額となる可能性があります。

譲渡所得以外の税率

課税される所得金額	所得税
195万円以下	5％
195万円を超え330万円以下	10％－97,500円
330万円を超え695万円以下	20％－427,500円
695万円を超え900万円以下	23％－636,000円
900万円を超え1,800万円以下	33％－1,536,000円
1,800万円を超え4,000万円以下	40％－2,796,000円
4,000万円超	45％－4,796,000円

❷ 相続時の特例

上記が本来の計算方法ですが、相続が絡んでの自己株式の売却では、税務署としても特別な配慮を用意しています。

考え方としては、相続税を納税しなくてはならない方の場合、納税を行うために相続で承継した株式を現金化することが想定されます。

税務署としては相続税を現金できっちり納税して欲しいのですから、売却しやすい環境を整えてあげたいと思ったのでしょう。非上場の株式は他人に売却することが難しいため、自己株式の取得というかたちで会社に対して売却することが往々にしてあります。そこで、売却をしやすい税制上のメリ

ットを与えることにしました。

すなわち，原則の取扱いとは異なり，相続によって取得した非上場株式を発行会社に売却した場合には特例を用意しました。

この特例を利用するための要件ですが，それは次のとおりです。

相続税の納税が生じた相続人が
①相続で取得した株式を
②相続開始後3年10か月以内に発行会社に譲渡する。

それでは，特例の内容はどのようなものなのでしょうか。それは，この要件をクリアした方は，自己株式を売却したことによる利益はすべて譲渡所得として取り扱っていいというものです。

つまり，先ほどの例でいえば，原則では配当所得が500円生じるのですが，この特例が利用できれば株式の譲渡所得500円として所得税を計算してもよいことになるのです。そのため，利益がいくら生じたとしても税率は株式の譲渡として計算されますから，20.315％の課税で済みます。すなわち，個人間で株式を売買した時と同じ結果となり，自己株式の売却による不利益は生じません。

なお，補足として，この特例が利用できる場合には，相続税の取得費加算という特例も併せて利用することができます。相続を機に承継した株式を発行会社へ売却することは，税の観点からもとても有利なことといえるでしょう。

(4) 買取金額の算定

自己株式の取得は、個人から法人への売却となりますので、相続税評価額をそのまま売買金額の指標に利用することはできません。

それでは、個人から法人に対する株価をどのように決めたらよいのでしょうか。それは、実務的には所得税基本通達59-6に定める方法を用いることで行います。所得税基本通達59-6によると、非上場株式の株価は次のように算定すれば一般には問題が生じないとしています。

内容は、相続税評価額を算出するための財産評価基本通達を用いて計算していいのですが、あくまで次の四つの条件を満たすように計算する必要があるというものです。

① 株式の譲渡前の状態で**同族株主**かどうかを判定します。
② 株式の譲渡者が**中心的同族株主**に該当する場合には小会社として評価します。
③ 土地と上場有価証券は相続税評価額ではなく時価相当額で評価します。
④ 純資産価額の算定にあたり法人税等相当額の控除はしません。

四つの条件は専門的な用語があるためとてもわかりづらいと思います。これらの用語をすべて一から説明するとなると、非上場株式の評価方法についての書籍となってしまいますので、割愛します。

重要なのは、財産評価基本通達による評価方法を多少変更し

たこのルールによった評価額は，相続税評価額に比べると，結果として株式の評価額が若干高く算出されるようになるということです。つまり，相続税評価額そのものでは，税務署が考える価額に比べて少し低くなってしまう恐れがあるということです。

(5) ポイント

このケースのポイントは，相続により兄弟間で分散した非上場株式を取得したとしても，相続開始から3年10か月（相続税の申告期限から3年）以内に発行会社に自己株式の取得として売却することができれば，税金上の不利益を生じることなく換金することができるということです。

会社にある程度の預貯金も純資産もある会社であったため，会社を承継しない相続人が取得した株式を金銭に換金することができました。そして，会社の共有状態をいつまでも引きずらないようにできたのです。

同族株主

株主からみて、配偶者や子、兄弟姉妹などの親族のことを同族関係者といいます。株主の有する株式に、この同族関係者が有する株式も含めたところでそのグループが会社の議決権の原則30％以上を保有している場合には、そのグループにいる株主のことを同族株主といいます。同族株主は議決権割合が高いため、会社に対して影響力がある方たちといえます。狭義でいえば、オーナー株主グループの人たちをイメージすると良いでしょう。

(6) 法人化の整理にも活用

個人で賃貸不動産を多く所有していると所得税の負担がとても重くなります。なぜなら，所得税は累進税率であるため，多額の不動産所得が生じると住民税を含め最高で55.945％の税率が課税されることになるからです。

実に所得の半分以上が税金となってしまうのです。そこで，賃貸不動産を個人から法人に売却して法人所有としている方も少なくありません。

法人の場合には，所得が800万円以下であれば，税率はおよそ25％程度です。それ以上に課税されたとしても最高で40％程度であり，今後の税制改正の方向性を考えると，税率はさらに引き下げられる可能性が高いといえます。また，法人が賃貸不動産の所得を得ている場合には，役員・従業員に対して給与を支給することにより法人所得を抑えることができるので，所得分散を図ることが可能となります。

Keyword 中心的同族株主

同族株主のうち、会社に対する影響力が特に強いと考えられる人のことです。同族株主1人とその配偶者、直系血族、兄弟姉妹、一親等の姻族が保有する議決権割合が25％以上である場合には、その同族株主のことを中心的同族株主といいます。

同族株主はグループで考え、グループに属する人は全て同族株主として取扱います。これに対して中心的同族株主は、あくまで株主1人ずつこの要件に該当するかどうかを判定します。したがって、同族株主グループにあっても中心的同族株主になる人と、ならない人がいます。

このようなメリットがあることから法人を活用するのですが，相続後に先ほど述べたような形で自己株式の取得を用いて金銭分配を行うこともあります。

　そこで，自己株式の取得を活用したケースを紹介しましょう。

　被相続人は多くの賃貸不動産を法人1社に所有させていました。相続人は配偶者と長男，長女であり，相続時には法人株式を法定相続分で相続することにしました。相続後，この法人の経営は長男が代表取締役として行うこととなり，当初は長女も株主の1人として関与していましたが，元々不動産投資には興味がないことからこの株式を売却することを考えたのです。株式を長男に売却することを打診したのですが，長男には株式買取り資金を用意することができなかったため，会社が自己株式として取得することを考えました。

　このケースでは，財産の多くは法人の賃貸不動産という間接所有形式となっていました。そこで，長女は相続した株式を会社に買い取ってもらうことにしたのです。

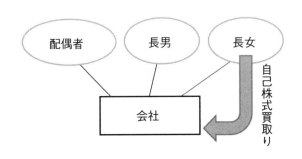

　これにより，株式の整理が行われるとともに，長女にとって

は株式という間接所有財産から金銭という財産へと変化させることができました。間接所有形態から長女は離脱することができたのです。見方を変えれば，法人化をしている会社株主を整理する一つの方法ともいえます。

3　新設法人が株式を購入

会社の株式が多数の株主に分散しており，その状態が長期間に渡ってしまっているようなことも多くあります。このような場合には，株主の相続が発生するのを待って，その都度自己株式として買い取ることは現実的ではありません。いくら税負担のことがあったとしても，相続を待っていたのではいつになるのかわからないからです。

そこで，このような場合には，会社の社長や承継者となる人が新たな法人を設立して，そこで株式を買い取ることがよく行われます。いわゆるMBO方式による株式の整理です。

会社が自己株式として購入できたとしても，株主が任意の時期に発行会社に対して株式を売却した場合には，配当所得が発生し税負担が多額になってしまう可能性があることは先ほど述

> **Keyword**
> **MBO方式**
>
> MBOとは、マネジメントバイアウトの略称。会社経営陣が現株主から自社株式を購入してオーナー経営者として独立することをいいます。現経営陣による買収、雇われ社長がオーナーになるためなどに多く行われます。
> MBO方式とは、事業承継者が自社株式を購入してオーナー株主になることを目的にした株式の整理をいいます。

べました。そのため，このような場合には，会社を引き継ぐ予定の方が新会社を設立して，その会社が既存株主から株式を買い取る形式を取ることにします。新会社は金融機関からの融資などを受けて買い取り資金を用意することが多く，その後の借入金返済は株式買い取り後に得られる元の会社からの配当金や，その他の収入などによって行うことを考えます。

このようにすれば，自己株式の買い取りではないことから，配当所得の問題を回避しつつ，任意の時期に株主の整理を行うことができるようになります。

2 生前贈与で非上場株式の共有を解消した事例

1 兄弟間で贈与を行った事例

(1) 事案の概要

兄弟で株式を所有しているような会社であっても，仲が良い状況であれば生前に株式贈与を行うことが可能な場合もあります。

卸売業を営んでいるX社の筆頭株主は現社長の甲であり，株主構成は配偶者乙，長男丙，丙の妻，その他取引先でした。現社長の甲は，自分もそうであったように長子相続の考え方を持っていました。そのため，長男である丙に会社を承継させることを前提とした株主構成にしていたのです。

(2) 状況の変化

昨今は相続に対する考え方も変わってきています。相続人である兄弟姉妹は法定相続分に従って常に均等に相続すべきと考える方も多くなっており，長子相続的な考え方を持つ方は減ってきていることを感じます。また，家業を継ぐのは長男ではなく，次男や三男というケースも多くなったのではないでしょうか。

甲には長男丙にX社を継がせたいという意向がありましたが，丙は大学卒業後は上場企業に勤務していました。仕事にも満足をしており，福利厚生も充実している今の勤務先を辞めるつもりも，X社を継ぐ意思も無かったようです。甲は，丙と何度も話をする中で，丙に引き継がせることは難しいと考えるよ

うになりました。実のところ、甲は長子相続という考え一つで丙を考えていたのですが、もともとは次男丁の性格の方がX社には適していると思っていたところもあったのです。

その後、甲は丙がX社を引き継がないことが決定したため、丁を正式な事業後継者にすることに決めました。丁も大学卒業後は他の会社に勤務をしていたのですが、X社の事業に対しては以前から興味を持っていたようです。甲からの提案を受け、丁本人も後継者として引き継ぐ覚悟を決めたのでした。

(3) 株式の贈与

会社の後継者も決まり、今後は上手に事業承継を行えばよいのですが、それには株式の整理を早急に行う必要が生じました。X社の株主には長男丙とその妻も名前があり、この株式を整理しなければ丁がスムーズな事業承継を行うことなどできません。また、このままにしておけば将来大きな問題が生じるのは目に見えています。そこで、長男丙とその妻が所有する株式を次男丁に移転させることを考えました。移転の方法としては、株式の売買か、または贈与のいずれかが選択肢となるでしょう。

長男丙から売買の提案がなされるのではないかと危惧をしていたのですが、現社長の甲が元気なうちに丁が正式な後継者として頑張ることは何よりだという話になり、株式の贈与で整理する方向となりました。運よく、X社の株価はそれほど高額ではなかったことから、贈与税の負担が生じるものの、少額の税負担で株主構成の整理を行うことができたのです。

親が元気でいるうちは、たとえ兄弟間であったとしても株式

の対価を意識しないかたちで仲良く株式の整理を行うこともできるでしょう。

ただ，これが相続発生後であったとしたらどうでしょうか。少しだけ所有しているような少数株主の兄弟であっても，後継者のために贈与するのではなく，金銭による売買を求めてくる方が多いのではないでしょうか。共有状態になってしまった株式は，できるだけ早く整理を実行することがとても大事なのです。

2 贈与税は賢く活用する

(1) 贈与を活用する

金融資産について生前贈与を行ったらどうかと提案すると，贈与税を支払うのが馬鹿馬鹿しいから実行したくないという人が多くいます。

しかし，このような考え方だと，結果として相続時には相続人が多額の相続税を支払うことになりかねません。財産は墓場まで持っていけませんから，積極的な贈与を活用しておく方が確実に財産を残せる場合が多いのです。

売買によって財産を取得をする場合には，その対象物の対価の100％を支払う必要がありますが，贈与であれば，贈与税が発生したとしても税負担が100％となることはありません。つまり，受贈者の立場からは，対象物の一部の対価という意味で考えると，絶対にお得なのです。そもそも贈与なのですから，対価の負担はありません。贈与税額相当で購入したと思えば対価負担は低いといえるのではないでしょうか。

贈与税を負担するとなぜだかとても損をした気分になってしまう方，そもそも財産を生前に承継することで税負担が生じることに対してアレルギーがあるといった方でも，相続税の負担は仕方なく受け入れてしまいます。それがたとえ生前の贈与税より高額の相続税負担であったとしてもです。

しかし，相続税対策としての生前贈与は，最も簡単でそして効果のある方法です。ここでは，今後発生する相続税との関係で考えた場合に，税負担上最も効果が高い贈与の活用方法について考えてみたいと思います。

（2）まずは贈与税を考える

贈与税の計算は至って簡単です。まずは贈与する財産の評価額を算出するのですが，ここはわかりやすい現金を例にとって考えましょう。

500万円の贈与をします。500万円から基礎控除額の110万円を控除した，390万円を図表1（イ）又は図表1（ロ）の贈与税率にあてはめます。贈与税の税率表は2種類あって，祖父母・両親から20歳以上の子や孫へ贈与する場合の（イ）とそれ以外の（ロ）です。ここでは75歳の父から48歳の子への贈与としましょう。

基礎控除後の課税価格が390万円なので，図表1（イ）から200万円超400万円以下に該当し，税率が15％，控除額10万円とわかります。つまり，390万円×15％－10万円＝485,000円が500万円を贈与した場合の贈与税額です。

図表の中の控除額というのは，面倒な法律の条文を簡便計算ができるように，工夫をした算式だと割り切ってください。結

果だけを見ると、税率は15％だけを乗じているように見えます。しかし、390万円のうち200万円までの部分は10％、200万円を超え390万円までの部分だけが15％の税率なのです。こんな2段階の計算をするのが面倒なので、最も高い税率を乗じ、差額はあらかじめ計算して表にしたものが図表1で速算表と呼ばれているものなのです。このあらかじめ計算したものが控除額の正体です。

500万円の贈与をするためには485,000円が必要なため、「485,000÷500万円＝0.097」という計算式から実効税率は9.7％だとわかります。つまり、算式の上では15％の税率を掛けていますが、実際には基礎控除があり、また200万円以下の部分には10％の税率が乗じられているため、結果としては9.7％が実際に負担すべき税率だということなのです。これを実効税率といいます。

図表1.（イ）《贈与税速算表・直系尊属　20歳以上》

基礎控除後の課税価格	税率	控除額
200万円以下	10%	―
200万円超　400万円以下	15%	10万円
400万円超　600万円以下	20%	30万円
600万円超1,000万円以下	30%	90万円
1,000万円超1,500万円以下	40%	190万円
1,500万円超3,000万円以下	45%	265万円
3,000万円超4,000万円以下	50%	415万円
4,500万円超	55%	640万円

図表1.（ロ）《贈与税速算表・上記以外》

基礎控除後の課税価格	税率	控除額
200万円以下	10%	—
200万円超　300万円以下	15%	10万円
300万円超　400万円以下	20%	25万円
400万円超　600万円以下	30%	65万円
600万円超 1,000万円以下	40%	125万円
1,000万円超 1,500万円以下	45%	175万円
1,500万円超 3,000万円以下	50%	250万円
3,000万円超	55%	400万円

（3）相続税の計算を考える

次に相続税ですが、贈与税よりはちょっと複雑です。計算を簡単なものにするため、相続人は1人とし、各種の財産の評価をした結果、仮に財産総額が2億円だったとします。

まずは、ここから基礎控除額を控除するのですが、基礎控除額は3,000万円に相続人1人当たり600万円。このケースでは3,000万円＋600万円×1人＝3,600万円となります。2億円－3,600万円＝1億6,400万円を法定相続人が法定相続分で相続をしたという前提で、図表2から各人ごとの相続税額を算出し、全員分の合計額を求めます。実際には法定相続分どおりに相続することも少ないでしょう。しかし、このような方式で合計額を求めるのが相続税の考え方なのです。

そして、相続人が複数の場合の各人ごとの合計額を、相続税の総額といいます。ここでは相続人は1人なので単純に以下の金額が相続税の総額になります。

> 1億6,400万×40% − 1,700万円 = 4,860万円

なお、相続人が複数いる場合の各人の負担額は、相続税の総額を実際に相続した財産の多寡で按分するだけです。例えば相続人が3人いて、6：3：1の比率で財産を分けたら、相続税の負担も6：3：1の比率で按分すればいいのです。

図表2.《相続税速算表》

各所得分の金額	税率	控除額
1,000万円以下	10%	—
3,000万円以下	15%	50万円
5,000万円以下	20%	200万円
1億円以下	30%	700万円
2億円以下	40%	1,700万円
3億円以下	45%	2,700万円
6億円以下	50%	4,200万円
6億円超	55%	7,200万円

(4) 比較すべきは実効税率か？

ここまでが両税の計算の仕組みです。

前述1.のケースでは500万円の贈与税の実効税率は9.7%でした。同じようにこの場合の相続税の実効税率を見てみましょう。相続財産2億円に対して相続税の総額は4,860万円。つまり、4,860万円÷2億円で24.3%であることがわかります。これが相続税の実効税率です。

一般的には贈与税の実効税率が、相続税の実効税率24.3%

以下の贈与であれば、相続よりも贈与をした場合の方が"お得"といわれています。計算の過程は省略しますが、1,470万円の贈与をすると、贈与税額は354万円。贈与税の実効税率は、354万円÷1,470万円で24.0％となり、相続税の実効税率とほぼ同率になります。つまり、1,470万円までの贈与であれば、相続税の税率よりも低く、生前に贈与を行った方がお得になるわけです。

このような説明をすると、そういうことか、とうなずかれた方も多いと思いますが、本当にこの説明は正しいのでしょうか。実際にこのように説明をしているものが世間にはあふれ、一種の常識となっている感さえあります。しかし、結論から言うと、これは間違った考え方なのです。なぜなのでしょうか。

図表1、図表2からもわかるとおり、相続税も贈与税も累進税率といって、課税される金額が増えれば増える程適用される税率も高くなっていくのです。

当然ですが、生前に贈与すれば、相続される財産は減っていきます。つまり、相続税の計算式は低い税率に向かって移動することになります。

前述（3）の例では、相続人は40％の税率で相続税の総額が計算されています。これがもし、生前に7,000万円が贈与されていた場合、相続時に課税される財産は2億円から1億3,000万円になっていることになります。そうすると、この場合は相続人が一人なので基礎控除額の3,600万円を控除すれば、所得の金額が9,400万円となり、図表2から税率は30％になるのです。

このケースを具体的に計算して検証してみましょう。

例えば生前に贈与する7,000万円を5年間に分けて，1年あたり1,400万円ずつ行ったとします。贈与を受ける人が20歳以上の子であればその贈与税の合計額は以下の計算のとおり1,630万円となります。

```
計算例
①　1年あたり
　　(1,400万円－110万円)×40％－190万円＝326万円
②　5年間の総額
　　326万円×5＝1,630万円
```

そして，贈与実行後の相続税は以下のとおりです。

```
9,400万円×30％－700万円＝2,120万円
```

贈与前の相続税は4,860万円でしたので、差額2,740万円の相続税が減りました。つまり、贈与税は1,630万円支払いましたが、2,740万円の相続税が減少しましたので、結果として1,000万円以上お得になったのです。

このことを図で表すと次のようなイメージになります。

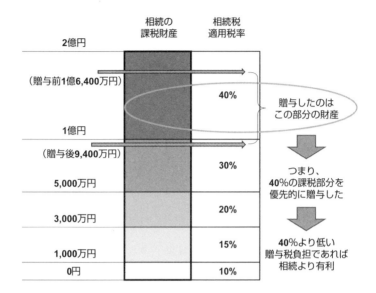

　財産が減った場合，決して実効税率の割合で適用される税率が減っていくわけではないのです。何度も言いますが，相続税も贈与税も累進税率となっています。累進税率とは10％から始まって，15％，20％，30％という具合に順次，財産が増えると漸増していく税率構造なのです。

　前述（1）で速算表と税率のお話をしましたが，相続税や贈与税を計算する際に，速算表では表面的には一つの税率しか見えません。しかし，実際には何段階もの税率が適用されているのです。簡便的に"控除額"をあらかじめ計算によって算出し，計算を容易にしているだけなのです。ということは，逆に考えると財産が減った場合には，高い税率分から40％，30％，20％と順次低い税率になっていくわけなのです。

(5) 限界税率と実効税率

専門的になりますが、数段階に分かれる適用税率のうち、最も高い税率を『限界税率』といいます。財産が減ると、一定の幅はありますが、適用される税率が順次下がっていきます。その際、最も高い限界税率から順次低い税率になっていくので、初めに影響を受ける税率は限界税率なのです。ということは、贈与税の実効税率と相続税の実効税率を比較しても、意味がないということです。贈与税については、実際の負担割合を示す実効税率が比較の対象です。しかし、これと比べるべきものは、相続税の実効税率ではなく、限界税率なのではないでしょうか。

ここでもう一度、話を前に戻しましょう。相続税の実効税率である24.3％で考えると、それと同じ実効税率で行える贈与財産の額は1,470万円でした。

しかし、実効税率ではなく、実際に機能する限界税率40％を基礎に贈与税を考えると、4,670万円の贈与で贈与税額1,868万円。この贈与の実効税率は40％となり、相続税の限界税率40％と同率。つまり、1,470万円ではなく4,670万円までの贈与でさえ、生前に贈与をした方が、何もせずに相続税を納めるよりも"お得"になるということなのです。

(6) やるべきことは積極的な贈与

生前の贈与が効果的であることを、頭ではわかってもなかなか実行できない方も多いと思います。それには色々な理由があるのでしょう。とりわけ生前に現金を贈与すると、子や孫が無駄に使ってしまう心配があるでしょう。さりとて、子や孫に知

らせずに贈与をすれば,単なる「名義借り」だとして,税務署には相続財産と認定されてしまいます。

　贈与をする場合の注意点として,必ず贈与をする人(贈与者)ともらう人(受贈者)双方に贈与が行われたことの認識が必要なのです。したがって,受贈者に内緒で贈与を行うことはできません。

　贈与税については,合法的にも各種の特例が用意されています。住宅資金贈与,教育資金贈与,結婚・子育て資金贈与,贈与税の配偶者控除等々が挙げられますが,その他に必要な都度の生活費や教育費についても非課税で贈与できる部分も多いのです。非課税で行える部分はもちろんのこと,まずはご自身の相続税を試算してみましょう。

　限界税率がわかればどれだけの贈与が有利なのか,金額的にも納得した上で贈与が行えます。亡くなって残すお金は文字どおり"死に金"。生前に贈与して喜んでもらってこそ,"生き金"になるのです。

3 会社分割を用いて非上場株式の共有を解消した事例

1 会社分割と贈与・遺贈の組み合わせ

(1) 会社分割

　会社分割は，税務上の取扱いのことを考えると，そのままでは株主整理にはならないことは第3章で述べました。そこでは，会社分割と遺贈などを組み合わせることを考えてみます。

　Y社の株主は甲乙の兄弟2名で各々50％ずつ所有している状況でした。

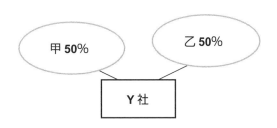

　Y社は不動産賃貸業を行っており，複数の賃貸物件を所有するとともに，甲の社宅も所有しています。将来のことを考えた結果，甲乙は仲の良い現段階でこの会社を二つに分けて各々が承継することを望むようになりました。そこで，分割型分割という会社分割を行って会社を二つに分けることにしたのです。

　まず，Y社の財産のうち，甲乙がそれぞれ引き継ぐべき賃貸物件などの財産を色分けし，二つの会社に財産を分けるようにします。その後，会社分割を行って，甲は既存のY社を承継する方向とし，乙は新設するZ社を引き継ぐことにしました。

ただし,会社分割後当分の間は下図のように甲乙2人はY社・Z社の株主として,それぞれクロスして株式を所有することになります。

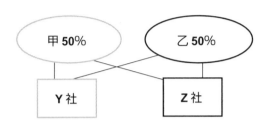

(2) 株式の整理

Y社とZ社の2社はいずれも甲乙50％ずつの共有のままですから,それぞれの持分を整理する必要があります。

甲は所有するZ社の50％の持分を,乙は所有するY社の50％の持分をそれぞれ手放すことになります。そこで,まずは相互に売買することを考えました。売買の場合は,代金の授受により譲渡所得税が生じる可能性はありますが,早く実行できるというメリットがあります。

個人間の株式売買時に指標となる相続税評価額を計算したのですが,不動産を所有していることもあり,思いのほか株価が高い結果となりました。売買代金については,双方で相殺すれば実際に動く金銭は少なくて済みますが,譲渡所得税はどうしても生じてしまいます。

株式に金銭的な価値を求めて売買をすることが目的ではなく,あくまで株主構成の整理を行うことが目的です。そこで,売買はやめることとし,甲乙の相続時までに株式整理を行う方

向となりました。

(3) 生前贈与と遺贈

そこで、甲乙が所有する株式について、生前に贈与を行うことにしました。

また、万一贈与では整理しきれなかった株式が生じた場合には、甲の所有株式であれば乙の子などへ、乙の所有株式であれば甲の子へと遺贈をすることにしたのです。当然、甲乙は遺言を作成しなくてはならないという手間は生じますが、自分の相続のことを考える良いきっかけになったようです。

```
Y社株式⇒乙から甲、甲の子などへ
Z社株式⇒甲から乙、乙の子などへ
```

つまり、兄弟で会社を共有する状態を、次の世代である子まで継続しないようにと考えました。このように、株式の贈与や遺贈を組み合わせることで株式を整理することが可能となります。

また、遺言ではなく、信託を用いることで遺言の代用とすることもできます。株式の受益者を指定することで、実質的に株式の承継者を定めることができるからです。

なお、甲乙の相続時に株式がある場合には、遺贈として相続税の対象となってしまいます。その際には、株式を承継する甲乙の子は、相続人ではないことから相続税が2割加算になります。そのことを考えれば、遺言は万一のためであり、早めに整理しておくことが一番です。

4 信託を活用して非上場株式の共有を解消した事例

1 共有株式の管理

(1) すべてが共有財産

甲には兄弟姉妹が複数人おり,資産家一族でした。一族の相続の考え方は,兄弟仲良く財産も平等にというものだったようで,甲の祖父母・父母の相続においては,複数の兄弟がすべて法定相続分による共有相続をする形となっていたのです。

所有する不動産はもちろんのこと,複数の同族会社の非上場株式も共有持分に基づく株式数で相続されていました。すでに祖父母,父母は亡くなっていましたので,甲は甲の兄弟や甥・姪たちとすべての財産が共有という状態でした。

このような状況ではありましたが,金銭的に困っている人がいなかったこともあり何も問題は生じず,仲の良い関係を維持していたようです。なお,一族の資産管理は甲の兄弟の1人が中心となってすべてを行っていました。

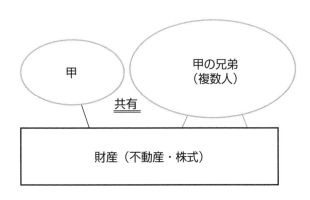

(2) 信託の活用

甲には配偶者と，長男乙，次男丙，長女丁がいました。

前述のとおり，甲の資産管理と確定申告作業などは甲の兄弟が行ってはいたものの，詳細な帳簿作成まではされていなかったのです。そのため，資産状況や管理内容の全貌を把握することはできず，ある意味ブラックボックスの部分もあったようです。

甲自身はいままで長年仲良くしてきた兄弟間のことであり，ここで何か要望や問題を起こすことは望んでおらず，現状維持で良かったという状況でした。ただし，甲の長男乙，次男丙はこのまま甲に相続が発生すると，次は自分たちが甥っ子として共有財産を背負っていく必要があることを知っていました。そのため，最低でも資産状況を詳細に把握し，できれば共有を解消したいと思っていました。

甲は，自ら進んで共有状態の解消に向けて行動を起こすことは考えていませんでしたが，長男乙と次男丙が望むのであれば，彼らがそれを行う（交渉する）ことには理解を示し，納得していました。そこで，信託を活用して共有財産を管理することにしたのです。

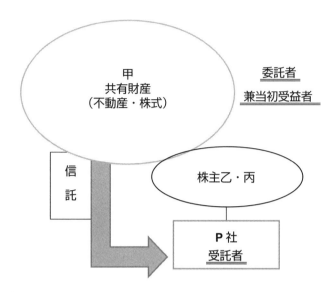

(ア) まず,乙と丙は,甲の財産を管理するためのP社を設立
(イ) その会社を受託者として,甲は財産を信託
(ウ) 甲は,委託者兼受益者であるため,相続税や贈与税などは発生しない

　甲と乙・丙が財産管理契約などを締結して管理したとしても,あくまで財産を所有していない乙・丙は立場が弱く,甲の兄弟に対して強く意見を求めることはできません。しかし,信託を活用すれば,財産から生じる利益を受ける人(受益者)と,財産を所有・管理する人(受託者)を切り分けることができるようになります。

　法律上は財産の所有者は受託者となりますので,所有者の立場として共有財産を管理できます。信託法では,受託者は信託財産の管理状況を受益者に対して報告する義務があります。そのため,甲の兄弟に対して,信託法上の問題もあるので,詳細

な情報提供をしてくださいと乙と丙は言えるようになるのです。また，逆にそれを言わなくてはならなくなったのです。

信託は共有財産そのものの解消にはならないとしても，共有財産の管理のために活用することができます。

（3）共有の解消に向けて

P社は受託者として，甲の兄弟との共有財産を所有しています。

共有財産の中には非上場株式もありますので，受託者であるP社が議決権行使を行います。乙と丙の最終目的は，非上場株式やその他の不動産など，甲とその兄弟間における共有財産を整理することです。

P社が受託者として登場したことで，いままでとは異なり共有財産の状況と詳細が少しずつ見えてくると思います。P社から信託財産の売却を打診せずとも，先方から共有解消に向けて持分を買い取りたいと申し出る可能性は以前より高まったと思います。

このように，財産の持分を対象として信託することもできます。信託は財産を管理するところから生じた制度です。税務とは切り分け，信託を行うことの信託法上のメリットをうまく活用することで共有財産の解消の一助にもなり得ます。

第5章

共有の問題点を整理する

共有特有の問題点を整理する

 すでに共有となってしまった財産は、単独で所有している場合とは異なり、共有ならではの問題を抱えています。また、相続時において遺言書がなく、かつ遺産分割もまだ行っていない状況であるとすれば、相続財産は共有状態となってしまいます。

 共有となってしまった財産をどのように整理し、そして解消するのかを中心に述べてきましたが、いつ自分に降りかかってもおかしくない問題だということがわかると思います。

 本章では、いままで取り上げきれなかったものも含めて、共有の問題点を整理します。

 また、問題点整理にあたり、ここで「共有」という状態の法的性格について再確認しておきたいと思います。

■ 共有の概要

 共有とは、一つの物を複数の者が所有していることをいいます。複数の者はそれぞれ持分に相当する独立した所有権を持っています。そのため、他の人とは関係なしに持分を自由に処分することや、共有物分割を求めて自分だけの

ものにすることもできます。

このように,共有となっていたとしても所有権があることから,自分の持分を処分することは単独で行うことができます。しかしながら,財産全体からすれば複数の者が所有していますので,財産の使用や管理などについては民法でルールが定められています。

■ 共有物のルール

処分	・共有持分の処分は単独で行える ・共有物全部の処分は全員の同意が必要
使用	・共有物の全部について持分に応じた使用ができる
変更	・共有物の変更は全員の同意が必要
管理	・共有持分価額の過半数の同意で行う
保存	・共有者単独で行える

A 処分

処分,つまり売却は各共有者が単独でできます。ただし,当然ですが共有物全部の売却は共有者全員の同意がなければできません。

B 使用

各共有者は,持分の割合に応じて共有物の全部を使用す

ることができます。つまり，共有ですので独占的な使用はできませんが，共有物の一部ではなく，その全体を使用することができます。

C 変更

変更とは，共有物の状態に変化を加える行為，例えば土地の造成や借地権などの設定をするような場合です。変更を加える場合には，共有者全員の同意を得る必要があります。

D 管理

共有物を利用・改良する行為のことをいいます。

共有物の性質を変更させずに収益を上げることが利用であり，土地を駐車場として賃貸借することなどが該当します。これらは，共有者の持分価額の過半数の割合の同意で行います。

E 保存

共有物の現状を維持する行為のことをいいます。

共有物の修繕などが最も代表的なことであり，共有者に不利益を与えないものが保存行為となります。この保存行

為は，各共有者が単独で行うことができます。

　このように，共有については民法に特別なルールが置かれており，共有者単独で行えないことがあることを認識してください。単独で物事を進めることができない財産であることから，とても厄介なのです。そのため，共有財産はいずれかの時点で，この共有状態を解消したいという要望が生じることになるのです。

1 株式特有の問題

　共有の対象が株式である場合には，特別な取扱いが会社法に定められているので，それを知っておく必要があります。会社は共有株式があった場合，その内部関係に応じて対処することは難しく，またその手続は煩雑となることから，民法にはない特別なルールを定めているのです。

　それは，株主としての権利を行使するための代表者を定めなければならないというものです。

　具体的には，株式が共有のときは，共有者は株式についての権利を行使する者1人を定め，株式会社に対し，その者の氏名又は名称を通知しなければならないことになります。つまり，行使する者を定めなければ，株式の権利行使をすることがまったくできなくなってしまう恐れがあるということです。特に，遺言などもなく遺産が未分割のままの状態の場合には，相続対象の株式の議決権行使ができなくなってしまう可能性があるため注意を要します。

　それでは，この権利行使者の指定及び会社への通知をしないで，共有者の誰かが議決権の行使を行った場合にはどうなるでしょうか。

　最高裁判決（平成27年2月19日）によると，この場合の議決権行使は，原則として共有財産の管理として民法に定める行為として行わなければ，不適法であるとされています。
つまり，共有持分価額の過半数の同意がある上での議決権行使でなければならないということです。

　配偶者であっても法定相続分は2分の1ですので，過半数

とはなっていません。それを考えれば，株式が共有状態で話し合いもつかない状況にあったとしたら，単独で株主としての権利行使を行うことは，実際には不可能ということになります。

第5章 共有の問題点を整理する

2 共有物分割請求

1 大きな問題点

共有物について、各共有者はいつでも共有物の分割を請求することでできると民法には規定されています。つまり、共有者は単独で共有物の分割を求めることができるため、共有者のうちの誰かがいつそのような請求をしてくるかどうかとても不安になります。

また、共有者当事者間において分割の協議が調わない場合（調停を含む）には、裁判所に共有物分割の訴えを起こして請求することができます。そして、共有物の分割請求がなされると、当事者の意思に反して、最悪の場合には共有財産が強制的に換価されてしまう事態が生じる可能性があるのです。

当事者で話し合いができるのであれば、今まで述べてきた事例などを参考に共有整理を行えばよいでしょう。ここでは、**共有物分割請求訴訟が提起される可能性があることを想定して、その場合の概要を述べることにします。**

2 現物分割

共有物分割に係る訴訟では、まずは現物分割が原則になります。

現物分割とは、共有物をそのまま分割する方法のことであり、一つのものを物理的に分けて問題を解決するイメージです。本来はこの現物分割を行うのが最も良い方法なのでしょう

が、物理的に分割することが不可能な場合や、著しく困難な時もあります。

現物分割をするにあたっては、共有物の性質、形状、位置、分割後の管理、利用のことなどを考慮した上で行う必要があります。例えば、次のような場合は現物分割が難しい事例といえます。

① 現物分割後の土地の地積がとても狭く、利用ができなくなってしまう場合
② 接道義務を満たさない土地が生じてしまうような場合
③ 分割に伴い経済的価値や利用価値を損なってしまうよう

Keyword 共有物分割請求訴訟

民法では、共有物の分割をしないという合意がある場合を除いて、各共有者はいつでも共有物の分割を請求することができると定められています。

また、共有物の分割について共有者間に協議が調わないときは、その分割を裁判所に請求することができるという規定があります。

そのため、共有者全員による協議が調わない事態が生じた時において、裁判所を通じて共有状態の解消を行うためになされる訴訟のことをいいます。

このような状況になるということは、ある意味仲が悪い状態が想定されますが、そのほとんどが共有物整理を弁護士へ相談したところ、分割請求訴訟で解決せざるを得ない方向へと流れていくケースも多いでしょう。

分割請求訴訟になると、最終的には財産が換価される可能性が高いというリスクも認識しておいてください。

な状況などがある場合

　このような場合には，現物分割を行うことが適切ではないとして，他の方法による分割を検討することになります。

3　競売

　現物分割を行うことが適さない場合には，換価分割を行うことになります。

　換価分割とは，現物分割が不可能なとき，又は現物分割を行うと共有物の価値が著しく減少する場合に行われます。

　手続は，競売の申し立てをして換価（売却）し，その代金を持分に応じて分配することになります。つまり，現物分割は現実的ではないので，共有物そのものを売却した上で精算してしまおうという制度です。

　このように考えると，競売は最終選択方法に思えるのですが，共有物分割訴訟ではこの競売の判決が行われてしまうことがあります。

　当然，当事者間で和解することは可能ですが，共有財産そのものに思い入れやしがらみがない共有者がいるとすれば，嫌がらせをされることも考えられなくはないのです。

4　代償分割

　現物分割や換価分割以外の方法として，代償分割がなされることもあります。ただし，代償分割は持分に応じた分割をする

としても，なお価格に過不足を生じる場合の調整として考えることになります。

これに対して，全面的に代償分割を行うことができるかについては，一定の要件を満たす必要があります。それには，共有物の性質などを総合的に判断した上で，特定の者が共有物を取得するのが相当といえる必要があります。また，共有物の価格が適正に評価され，持分価格を取得する者の支払能力があるとともに，共有者間の公平を害しないと認められる特段の事情が必要とされています。

したがって，代償分割による共有物分割は例外的な取扱いと考えたほうが良さそうです。

特に，他の共有持分を買取る資金がある場合に検討される方法です。

当事者間で売買による話し合いができずに訴訟が提起されたのであろうと想定されます。

3 共有財産と購入業者の存在

　共有財産は煩わしい点があり、問題を抱えています。したがって、わざわざ共有持分を欲しがるような人は普通いません。

　ところが、その共有持分を好んで買い取る業者がいるのです。電車のつり革広告などでそのような業者の存在を見かけた方もいるのではないでしょうか。

　彼らは、共有持分を買い取ることをビジネスとしていますので、共有財産を持分相当の時価で買い取ることはしません。共有財産ですので、売却を考えている方はとても煩わしく感じており、一刻も早く共有状態を解消したいと思っています。そのため、安くても構わないので手放したいというのが本音でしょう。そこを業者が時価よりも大幅に安く買い取ります。

　こう考えると、地主から底地を買い取る底地業者のようなものでしょうか。彼らは買い取った共有持分を他の共有者に対して買い取らないかと、時価相当の金額で迫ることになります。他の共有者は、このままでは第三者との共有状態です。このままの状態では危険なため、その申し入れを無下に放置することはできないのではないでしょうか。もし、業者が共有物分割請求の訴訟を提起したとなれば、競売によって換価されてしまう可能性も生じます。

　このように考えると、共有財産は、共有者の1人が第三者に勝手に処分をしてしまう可能性があることが最も大きなリスクといえます。

4 共有財産からの収益分配

相続が発生し、その後遺産分割が整わず、未分割状態のまま長らく放置されているような共有財産があります。そして、このような共有財産が賃貸不動産であると、時間の経過とともに収益を生みますので、誰が適切に管理するのかという問題が生じることが多くあります。

未分割財産から生じる収益や費用は、遺産分割が済むまでは法定相続分に従って各相続人に帰属することになっています。したがって、法定相続分に基づいて各相続人は確定申告をする必要があり、また所得税の負担をしなくてはなりません。そのため、毎年収益及び費用について集計を行うとともに、金銭の分配を行う必要があります。

しかしながら、元々は相続に伴って生じた一時的な共有状態のため、特に争いが生じているなどすると、適切な金銭分配などは望めません。所得税の負担だけが生じてしまう可能性もあるのです。

① 誰が適切に管理をするのか
② 共有財産の損益計算と収支計算の報告はあるのか
③ 金銭分配は適切になされるのか
④ 所得税などの税金負担は納得できるのか

このように実務的には多くの管理上の問題が生じることになります。

5 物納への影響

　相続税は財産税であることもあり，一定の要件を満たす場合には，物による納税，つまり**物納**をすることが認められています。

　物納の対象は相続財産そのものである必要がありますが，未分割財産を物納対象とすることはできません。未分割財産は権利について争いがあるものとして取り扱われるからです。

　また，遺産分割が終了していたとしても共有となった財産を物納するには，共有者全員が物納申請できる状態でないと認め

> **Keyword**
>
> **物納**
>
> 　国税は金銭で納付することが原則です。しかし、財産税である相続税は、納付すべき相続税額を延納によっても納付することが困難な一定の場合に限り、相続財産そのものによる納税として物納が認められています。
>
> 　このように物納は、延納によっても金銭納付をすることが困難な場合にのみ認められる特例制度であり、その申請は相続税の申告期限までに行う必要があります。
>
> 　また、物納ができる財産の種類とその順位は厳格に定められており、相続財産のうち順位が高いものから物納に充てる必要があります。第1順位の物納財産は、不動産・船舶・国債・地方債・上場株式等になります。
>
> 　実務的には、物納財産として不動産を充てることが多いですが、当然のことながら測量や契約書等の整備などが必要です。あらかじめ準備をしておかないと申告期限までに間に合わなくなる可能性があるので注意しましょう。

られません。つまり，共有者全員が物納の要件を満たす必要があります。ただ，それは現実的にはとても難しいので，このようなときはできるだけ共有としないように遺産分割を行うことになります。

このように，共有財産は相続税の物納をすることが実務的にはほぼ不可能となってしまいます。

相続開始前からすでに共有となっている土地があるのであれば，共有物分割や交換によって単独所有にすることができるかどうかを検討することが必要です。

単独所有にしておけば，その土地は物納対象とすることができます。

（前提）

・推定被相続人は甲 ・推定相続人は乙（甲の長男）

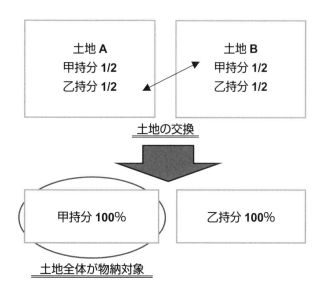

　推定被相続人である甲と，推定相続人である乙が共有している土地Aと土地Bがあるとしましょう。

　このままでは，甲に相続が発生したとしても，乙が既に所有している持分は相続で取得した持分ではないため，このままでは物納することはできません。相続後に被相続人持分相当の土地を分割（分筆）することができれば，その部分は物納できますが，土地がさらに細分化してしまいます。

　このような場合には，生前に土地の交換を行っておけば良いのです。土地Aと土地Bの価額が等価であれば，それぞれを単独所有とすることもできます。また，等価でない場合でも，甲の持分をどちらかの土地に寄せることはできるはずです。そうすれば，土地Aのすべてが甲の相続財産として，物納対象にすることができます。

このように生前にうまく共有財産の整理を行うことで，物納申請予定地を作り出すことも可能です。

第6章

まとめとしての共有予防策

1 予防策としての遺言の効力

　ここまでお読みいただいたとおり，それが不動産でも，また株式であっても，共有を解消する方法は確かにあります。しかし，それは共有者全員の協力が必要であることはおわかりいただけたことと思います。ということは，逆に全員の協力が得られない場合，共有の状態を解消することはかなり困難であるということなのです。

　さらに言えば，それを避けるには『とりあえず共有』にしないことが，何よりも大切なのです。「そんなことは初めからわかっている。それが難しいからこそとりあえず共有になってしまったのだ」という声が聞こえてきそうです。

　それでは，とりあえず共有にならないためにはどうすればいいのでしょうか。それは，相続時に財産の分割をする当事者に任せてはいけないということです。つまり，生前に遺言書を作成し，財産の分割方法をあらかじめ指定しておくことで，『とりあえず共有』の芽を摘んでおくのです。

　本書は遺言の勧めではありませんので，ここで遺言の種類や具体的な作成方法は述べませんが，遺言を活用することによる利点を考えてみましょう。

　第一の利点は，被相続人の意思として，相続人に対して具体的な分け方についての二つ指針を示してあげることができるということです。

　指針の一つ目は，財産価額に対する指針です。不動産の価額は一物四価ともいわれていますし，非上場株式に至ってはそもそも取引事例がなく，その価額をいくらとするのかは十人十色

です。たとえ税務署の定める相続税評価額があったとしても，そのまま納得する相続人ばかりではないでしょう。

　実際に，遺言がないために不動産価額をどのくらいで見積もるかということで相続人同士が揉めるケースは多々あります。そこで，残された財産の価値・評価額をどう見るかということを被相続人が示してあげれば，大きな揉めごとに発展する可能性を低くできるのです。しかも，遺言を遺す方にとっては，それなりに考えた財産価額をもとに，自分の気持ちに沿った分割案を定めてくことができるという利点があります。もちろん最低限，遺留分のことも頭に思い浮かべながら書く必要はあるでしょう。

　指針の二つ目は，分け方についての指針であり，どのように承継するかということです。

　遺産の分割方法としてはご存知の方も多いでしょうが，①財産そのものを分ける「現物分割」，②財産は特定の相続人が相続し代わりに金銭等の支払いで調整する「代償分割」，③財産を売却したうえでその代金を分ける「換価分割」の三つがあります。

　財産をそのまま引き継がせるのか，それとも分けづらければ換価してしまうのかを遺言で指定することができるのです。そうすれば，相続人が安易に『とりあえず共有』を選んでしまう可能性を低くすることができるのです。

　このように，被相続人が指針を定めておくことは，相続人同士のトラブルの芽を摘むという意味においてもとても大事なことです。普通は，親が言っていることを無下にはできないはずだからです。

また，遺言により信託設定をすることもできます。本来の意味での遺言信託と呼ばれるものですが，信託活用を考えている方は検討することも良いのではないでしょうか。ただし注意点として，信託銀行で扱っている遺言信託という商品は，あくまで遺産整理業務のことであり，本来の遺言信託とは異なるサービスです。遺言によって信託設定をなさりたい方は，弁護士や司法書士，税理士など士業の専門家などに相談をしてみるのが良いかもしれません。

2 遺言の最も大切なこと

　遺言を活用することの第二の利点，これは最も大切なことですが，遺言者の気持ちを相続人へ伝えることができるということです。

　是非，公正証書遺言を作成し，そのなかに，遺言者がその遺言書を作成するに至った経緯や動機，お気持ちを入れていただきたいということです。

　経緯やお気持ちは，遺言書作成にあたって必要不可欠なものではありません。したがって，公正証書遺言を作成する際は，通常は"付言事項"として遺言書の終わりの部分に付け足されることになっています。しかし，筆者が遺言作成をお手伝いをする場合には，必ずこれを冒頭に"前文"として述べることにしています。なぜなら，決してこれらのことは付け足しやついでに述べておく事柄ではないためです。遺言の中で，法律論は別として，むしろ最も大切なものだと信じているからです。

　公証人の中には法律論を盾に，この手の内容は付言事項として記載すべきであるとして，遺言書の冒頭に記すことを嫌う方も多々見られます。しかし，考えてもみてください。遺言者にとって，何のために遺言書を作成するのでしょうか。自らが築いた財産を相続人や受遺者にどのような気持ちで，そしてなぜ引き継いでもらいたいのか，その気持ちを伝えることこそが，遺言書作成の目的なのではないのでしょうか。具体的な配分方法は二の次，三の次なのです。もちろん，筆者も法律論が無用だといっているわけではありません。具体的な配分方法が記載されていなければ，それこそ何のための遺言書なのか，本末転

倒になってしまいます。

　しかし、その前にというより、まず初めに本論に入る前の前文として、遺言者の気持ちをはっきりと述べておけば、これから遺言書を読み解いていく相続人の心構えができるのではないかと思うのです。遺言者の気持ちがわかれば、多少自分にとって不利な内容であっても、納得する場合もあるのではないでしょうか。

　文字どおり、遺言はその人の人生最後のメッセージなのです。それを理解した上で、遺言者の残した財産を感謝と敬意の気持ちを以て相続することこそが、被相続人に対する何よりの供養になるのだと思います。

執筆者紹介

阿藤　芳明

昭和27年	東京生まれ。
昭和51年	早稲田大学教育学部卒業。
	卒業後国税専門官として10年強，税務調査を担当。
昭和63年	芝税務署を最後に退官。税理士登録。
	アーンスト＆ヤング会計事務所，タクトコンサルティング（本郷会計事務所）を経て，
平成4年	阿藤芳明税理士事務所，有限会社エーティーオー財産相談室を設立。
平成14年	税理士法人エーティーオー財産相談室に改組，代表社員として現在に至る。

【主要著書】
『相続に強い税理士になるための教科書（第2版）』（税務経理協会）
『相続に強い税理士になるための副読本』（税務経理協会）
『失敗しない不動産の相続』（日本実業出版社）
『相続財産は「切り離し」で残しなさい』（実業之日本社）
『相続財産は法人化で残しなさい』（幻冬舎）

高木　康裕

昭和53年	神奈川県生まれ。
平成12年	第50回税理士試験合格。
平成13年	慶應義塾大学経済学部卒業。
平成13年	東京都内の会計事務所に勤務。中小零細会社から上場準備会社，上場会社などに対する税務申告業務及び税務コンサルティング業務に従事。
平成16年	税理士登録。
平成17年	税理士法人エーティーオー財産相談室に入社。
平成28年	同法人役員に就任。

事務所紹介

税理士法人　エーティーオー財産相談室
【本店】
〒150-0002　東京都渋谷区渋谷 2-15-1　渋谷クロスタワー 17 階
TEL：03-5468-6700
FAX：03-5468-6707
URL：http://www.ato-zaiso.net
E-mail：info@ato-zaiso.net
【品川支店】
〒140-0011　東京都品川区東大井 5-7-10　クレストⅠビル 5 階
TEL：03-3474-9492
FAX：03-3474-9495

> **初回は無料で**
>
> **ご面談による相続税，資産税，事業承継のご相談を承ります。**
>
> お見積りまで費用は一切かかりません。
> 相続，贈与，事業承継，不動産の有効活用等の，資産・相続税に関するご相談を初回のみ無料でお受けしております。
> 問題点や疑問点を整理の上，お気軽にご来社ください。
> その上で費用を要する場合には，作業内容に基づくお見積りを致します。
> まずは電話又はメールにてご連絡ください。
> 日程の調整をさせて頂きます。

著者との契約により検印省略

| 平成30年2月15日　初版発行 | 税の難問　解決へのアプローチ
相続財産の「とりあえず共有」
5つの解消法 |

著　者	阿　藤　芳　明 高　木　康　裕
発行者	大　坪　克　行
製版所	株式会社技秀堂
印刷所	税経印刷株式会社
製本所	牧製本印刷株式会社

発行所　東京都新宿区下落合2丁目5番13号　株式会社 税務経理協会

郵便番号 161-0033　振替 00190-2-187408　電話(03)3953-3301（編集代表）
　　　　　　　　　FAX(03)3565-3391　(03)3953-3325（営業代表）

URL http://www.zeikei.co.jp/

乱丁・落丁の場合はお取替えいたします。

© 阿藤芳明・高木康裕 2018　　　　　　　　Printed in Japan

本書の無断複写は著作権法上での例外を除き禁じられています。複写される場合は、そのつど事前に、(社)出版者著作権管理機構（電話03-3513-6969、FAX 03-3513-6979、e-mail:info@jcopy.or.jp）の許諾を得てください。

JCOPY 〈(社)出版者著作権管理機構　委託出版物〉

ISBN978-4-419-06514-0　C3032